Friedrich Danneil

Die Arbeiterfrage im Lichte der inneren Mission

Friedrich Danneil

Die Arbeiterfrage im Lichte der inneren Mission

ISBN/EAN: 9783743454224

Hergestellt in Europa, USA, Kanada, Australien, Japan

Cover: Foto ©Suzi / pixelio.de

Manufactured and distributed by brebook publishing software (www.brebook.com)

Friedrich Danneil

Die Arbeiterfrage im Lichte der inneren Mission

Die Arbeiterfrage

im Lichte der

inneren Mission.

Mit besonderer Rücksicht auf die Provinz Sachsen.

Von

Dr. Friedrich Danneil,
Pastor in Niederndodeleben.

Mit einem Vorwort des Provinzial-Ausschusses für die innere Mission.

Halle,
Verlag von Julius Fricke.
1873.

Vorwort.

Mit dem vorliegenden Bändchen erscheint die zweite Abtheilung einer Darstellung der Aufgaben und Thätigkeiten der innern Mission in unserer Provinz. Das Vorwort der ersten Abtheilung, in welcher unser Agent, Herr Pastor Simon, die übrigen Gebiete der inneren Mission behandelt hat, wies schon auf dieses Büchlein hin. Wir freuen uns, daß die sociale Frage hier eine so sachkundige, fleißige und herzenswarme Bearbeitung gefunden hat. Man kann die sociale Frage als die eigenste Frage der Gegenwart bezeichnen, einerseits, weil kein früheres Zeitalter sie in diesem Umfang, dieser Tiefe und Energie gestellt hat, und andrerseits, weil sie zu den Fragen gehört, die unsre Zeit am tiefsten bewegen. Sie ist zu solcher Frage geworden nicht durch einige, vielleicht schreiende Mißstände im gesellschaftlichen Leben, denn solche hat es immer gegeben, sondern dadurch, daß sie sich mit allen bösen Geistern des Unglaubens, des Materialismus, der Unsittlichkeit, der Revolution verquickt hat: so ist die Thatsache, die sie bezeichnet, einer der verzweifeltsten Schäden und zugleich einer der kräftigsten Irrthümer der Gegenwart. Sie gefährdet den Staat nicht minder wie die Kirche, ja das ganze gesellschaftliche Leben unsrer Tage mit allen seinen guten Errungenschaften in Sitte und Ordnung, Wissenschaft und Kunst. Sie ruft darum auch alle guten Mächte zu ihrer Bekäm=

pfung auf, und öffnet uns, wenn diese Bekämpfung mißlingt, die dunkelste Aussicht in die Zukunft. Wir verkennen nicht den großen Werth der Mittheilungen, Kritiken und Rathschläge, die hinsichtlich dieser Frage oder doch einzelner Seiten derselben von mehreren Conferenzen des letzten Jahres ausgegangen sind. Wir erachten es für segenverheißend, daß auch der Staat den bezüglichen Zuständen seine ernste Aufmerksamkeit zuwendet und sie energisch anzufassen beginnt — geschähe dies nur noch energischer z. B. in Betreff der furchtbaren Sonntagsentheiligung in unserm Volk! Aber wie die vorliegende Schrift uns Schritt vor Schritt in alle Seiten und Tiefen der socialen Nothstände hineinführt, so weit dieselben auf dem Boden unsrer Provinz hervortreten, so zeigt sie auch, daß diese Nothstände vor keiner Maßregel völlig weichen, es sei denn, daß dieselbe ihre Ergänzung und zugleich ihre Siegesmacht und ihre beste Weihe in der Wahrheit und Liebe Christi sucht und findet. Wir empfehlen deshalb dies Büchlein herzlichst der Theilnahme der Geistlichen, der Gemeindekirchenräthe, allen Gebildeten unsrer Provinz. Möge dasselbe Vielen das Auge schärfen für Nothstände, die nachgrade auf allen Gebieten des gesellschaftlichen Lebens und in Jedes unmittelbarster Nähe hervortreten, aber auch das Herz erwärmen und den Muth stärken, zu ihrer Beseitigung mit Hand anzulegen im Namen und in der Liebe Christi.

Magdeburg, den 29. August 1873.

Der Provinzialausschuß für die innere Mission.

Die nachfolgenden Blätter wünschen an ihrem bescheidenen Theile beizutragen, daß die Freunde des Reiches Gottes und der innern Mission, speciell in der Provinz Sachsen, der unser Volksleben aufregenden Arbeiterfrage mehr Aufmerksamkeit zuwenden, ihre große Bedeutung und Gefahr erkennen, die eigne Mitschuld aufrichtig anerkennen und in wachsender christlicher Pflichttreue Abwendung der allgemeinen Gefahr und Heilung dieser das ganze Volksleben ansteckenden Krankheit suchen möchten. Steht auch hier die rechte Hilfe allein beim Herrn, so will Er sie doch von Seinen Getreuen als nöthig erkannt und von Sich erbeten sehen. Und so schenke Er uns allen klare Augen, wache Gewissen und Herzen, die warm sind in Gebet und Bruderliebe. —

Wir wollen die Besprechung in zwei Theile zerlegen. Im ersten, allgemeinen Theile werfen wir 4 Fragen zur Verständigung über die Arbeiterfrage auf und suchen sie zu beantworten.

1. Woher kommt die Arbeiterbewegung?
2. Wer gehört zum „Arbeiterstande"?
3. Wie weit ist die Bewegung durch die Provinz Sachsen verbreitet?
4. Wer soll helfen?

1. Woher kommt die Arbeiterbewegung?

Ein Rückblick in die Geschichte der Menschheit, insonderheit in die Entwicklungsgeschichte unseres deutschen Volkes, zeigt, daß anfangs nur eine kleine Zahl von Edlen der Freiheit und Selbständigkeit genoß, daß von ihnen das „Volk" im Ganzen abhängig war und unter mehr oder weniger hartem Drucke stand. In solcher Zucht und Schule wurde das „Volk" mehr und mehr reif für Selbständigkeit und Freiheit, und ein Theil desselben nach dem andern arbeitete sich, wenn seine Stunde kam, aus dem unterschiedslosen Volkshaufen zu einem eignen, freien, geachteten Stande der menschlichen Gesellschaft heraus. Vom 9. bis 15. Jahrhundert sehen wir den deutschen Bürgerstand um seine Freiheit und Unabhängigkeit kämpfen: erst als Patrizier gegen geistliche und weltliche Große, dann als Handwerker-Innungen u. dgl. gegen die Patrizier der eignen Stadt. Seit dem 15. Jahrhundert erwacht im Bauernstande der Drang nach Selbständigkeit. Nachdem die Bauernaufstände niedergeschlagen waren, hat es noch 500 Jahre gedauert, bis endlich der ganze deutsche Bauernstand aus seiner Unfreiheit zum selbständigen Mitgliede des deutschen Volkslebens erhoben wurde. „Das im Jahre 1794 erschienene Allgemeine Landrecht für die preußischen Staaten sanctionirte für die Bauern in fünftehalbhundert Paragraphen eine noch sehr harte Knechtschaft. „Die ehemalige Leibeigenschaft" sollte freilich aufhören, aber nicht die „Erbunterthänigkeit", deren wahre Beschaffenheit sich in folgenden Bestimmungen spiegelt: Die Erbunterthänigen sind an die Scholle gebunden, haben einen nachjagenden Herrn (dem also das Recht zustand, entflohene Erbunterthänige zurückzufordern); ohne die Genehmigung desselben dürfen sie nicht heirathen, kein bürgerliches Gewerbe erlernen und treiben, nicht studiren; die ledigen Kinder müßen der Herrschaft gegen Lohn dienen und wo bisher „ungemessene" Dienstpflicht bestand, deren Dauer von der Willkür der Herrschaft abhing, hat es auch hinfort sein Bewenden; dem Herrn kommt ein Züchtigungsrecht zu; ansäßige Bauern darf er 48 Stunden ins Gefängniß legen, „faulem, unordentlichem und widerspenstigem Gesinde" mit einer ledernen Peitsche „eine mäßige Anzahl" von Hieben auf den bekleideten Rücken aufzählen, dieses Recht auch seinen Pächtern und Wirthschaftsbeamten übertragen. Die Ertheilung von Stockschlägen wurde erst durch eine Novelle verboten. Unter gewissen Umständen sollten zwar die Unterthänigen gegen Zahlung eines Abzugsgeldes ihre Entlassung aus der Unterthänigkeit verlangen können, aber dieser Vergünstigung waren so viele Clauseln beigefügt, daß sie illusorisch ward." Contzen, die sociale Frage. 2. Auflage. Leipzig 1872. Seite 72. Es ist eine Gedulds- und Leidensgeschichte von seltener Härte, welche der norddeutsche Bauernstand durchzumachen hatte von seinem ersten stürmischen Aufbrausen bis zu seiner in unserm Jahrhundert endlich gewonnenen Selbständigkeit.

Aber schon erhebt sich ein neuer Stand, der so=

genannte Arbeiterstand, welcher nach ökonomischer und socialer Selbständigkeit und nach politischem Einfluß ringt. Wie die ersten Freiheitsregungen des Bürger- und Bauernstandes wild und revolutionär waren, so nicht minder das jetzige Auftreten des Arbeiterstandes. Wie aber die andern 2 Stände nur allmählich und aus langer Geduldschule in die Selbständigkeit und Freiheit eintraten, so wird es auch dem Arbeiterstande ergehen.

Diese kurz angedeutete Entwicklung und Erziehung des deutschen Volkes würde normal d. h. ohne Störungen des öffentlichen Friedens verlaufen sein, wenn der Zustand des christlichen Volkslebens überhaupt ein normaler, gesunder wäre. Aber die vielgestaltige Macht der allgemeinen Sündhaftigkeit und der besonderen Standessünden zeigt sich an solchen Knotenpunkten in der Entwicklung des Volksleben in besonderer Heftigkeit. So ist es auch jetzt wieder. Vor allem ist durch alle Gesellschaftskreise von oben bis unten ein entsetzlicher Abfall vom Glauben an den lebendigen Gott und von seinen heiligen Ordnungen erkennbar. Von den obern Gesellschaftsklassen ist das Verderben ausgegangen. Sie machen in ihrer tonangebenden Mehrheit seit langer Zeit keinen Hehl daraus, daß sie Christenthum, Bibel und Kirche verachten, daß die idealen Fragen nach der ewigen Bestimmung des Einzelnen und des christlichen Volkes ihnen gleichgiltig sind. Und nun wundern sie sich, daß ihre weit und breit ins niedere Volksleben hineingestreute Saat jetzt mit Sturm aufgeht, daß die Furcht vor dem lebendigen Gott, die

Achtung vor der Kirche und Obrigkeit, vor Eigenthum und Besitz mehr und mehr verschwindet und der Trotz des Freiheitsdranges sowie die Genußsucht oft in wilder Unbändigkeit hervorbricht. Es ist gegen die höher gebildeten und besser gestellten Gesellschaftsklassen, geistliche und weltliche, die schwere aber gerechte Anklage zu erheben, daß sie durch eigne Schuld die Führung des niedern Volkes verloren haben, daß es ihnen an Gottesfurcht und christlicher Sitte, an rechtem Pflichtgefühl, an Selbstzucht, Uneigennützigkeit, Wohlwollen gegen die niedern Volksklassen mehr oder weniger gefehlt hat. Und die letzteren wiederum treten oft mit einer Zuchtlosigkeit auf, daß man irre wird, ob das deutsche Volk seit 1000 Jahren in der erziehenden Pflege des Christenthums gestanden hat.

So ist denn der jetzige Nothstand eine **Gesammtschuld des deutschen Volkes** und das hereinbrechende Wetter ist als ein Strafgericht Gottes über uns gekommen.

2. Wer gehört zum „Arbeiterstande?"

Der Arbeiterstand, soweit er an der socialen Bewegung theilnimmt, stellt sich unter diesem Namen mit Groll und stolzem Selbstbewußtsein den andern Gesellschaftsklassen gegenüber, als ob er allein wirklich arbeite, die andern Stände aber wie „Faullenzer" und „Drohnen" nur vom Ertrag fremder Arbeit schwelgten. Für die sauren Forschungen der Gelehrten, welche die ganze Industrie erst ermöglicht haben, für die geistige Arbeit des Unternehmers in Anwendung der wissenschaftlichen Errungenschaften haben solche Leute kein Verständniß oder wollen es nicht haben.

Zum „Arbeiterstande" gehört zunächst die Masse der Fabrikarbeiter. Obwohl sie an Zahl den Handwerksgesellen und den ländlichen Arbeitern weit nachstehen, so sind sie doch durch ihre praktische Tüchtigkeit, geistige Regsamkeit, Lebenserfahrung und ihren strammen Korporationsgeist in die vordersten Reihen der Kämpfer gekommen. Zu den Fabrikarbeitern gesellen sich die Tausende von Handwerksgesellen bis hinauf zu den Commis der Kaufleute und den Gehilfen der Buchdrucker. Ja, ein Correspondent der „Concordia" (1873 Nr. 10. Seite 77) sagt: „Schneider, Schuhmacher, Goldarbeiter, Maurer sind jetzt schon beinahe „selbstverständlich" Socialdemokraten. Unter den Lehrern und den kleinen Beamten macht die socialdemokratische Anschauung grade zu unheimliche Fortschritte, und die Briefträger in den größeren Städten sind, wie Jeder bestätigen wird, der diese braven Leute näher kennt, fast ausnahmslos Socialdemokraten." Wenn die Redaction des genannten Blattes diese Behauptung mit einem Fragezeichen begleitet, so will sie wohl vor allem davor warnen, alle Arbeiter, die an der Erregung und Bewegung theilnehmen, kurzweg als „Socialdemokraten" zu bezeichnen. Thatsächlich sind mehrfach Streiks vorgekommen, welche nicht socialdemokratisch waren z. B. der der Seeleute in Hamburg, der Buchdrucker von Leipzig aus u. a. m. Aber schwerlich will sie leugnen, daß in den Kreisen der kleinen Handwerker, unverheiratheten Frauen, kärglich besoldeten Beamten eine mehr oder weniger lebendige Sympathie mit den um die „Lohn= und Magenfrage" Kämpfenden vorhanden ist. Ein nicht geringer Grad von Entsagung, Selbstzucht und Pflichtgefühl, dazu die im Beamtenstande lebendige Disciplin und Ehre, behütet diese Gesellschaftskreise vor Ausschreitungen. Aber es ist hohe Zeit hie= Hilfe zu schaffen, ehe die Versuchung für die Leute zu groß wird und die steigende Gefahr die ganze Gesellschaft bedroht.

Die ländlichen Arbeiter sind in England be= reits lebhaft an der socialen Bewegung betheiligt; bei uns stehen sie im Ganzen noch unerschüttert, wie 1848 fast der gesammte Bauernstand. Sollte es den jetzt auch auf die Dörfer Nord= und Süd= deutschlands hinausziehenden socialistischen Freiheits= aposteln gelingen, die ländlichen Arbeiterkreise zu verführen und zu verbittern — (was Gott verhüten wolle) —, so würden die Folgen unabsehbar sein. —

Die Leitung der Bewegung liegt in verschie= denen Händen und wird die Gefahr durch die gegen= seitige Uneinigkeit, ja Feindschaft der Führer aller= dings in etwas gemindert. Manche Streiks sind von den Gesellen eines Handwerks auf eigene Faust und nur lokal in einer Stadt unternommen; andere Arbeitseinstellungen eines Gewerk sind durch ganze Gaue und weitere Landesgebiete verbreitet, mei= stens unter dem Beirath sachverständiger, studirter Leute (Schulze=Delitzsch, Duncker, Bren= tano u. a. m.). Die socialdemokratische Bewegung in Deutschland und die Internationale in Europa,

Amerika, Australien hat geistig hervorragende Kräfte aus den höchsten Gesellschaftsklassen zu Leitern gewonnen: Lassalle, Gräfin Hatzfeld, Dr. von Schweitzer, Marx (Schwager eines früheren preußischen Ministers) u. a. m. Im Gegensatz gegen das muthwillige Streikwesen sammeln sich unter Dr. Max Hirsch die Gewerkvereine.

3. Wie weit ist die Bewegung durch die Provinz Sachsen verbreitet?

Eine genügende Antwort auf diese Frage zu geben, ist sehr schwer, zumal sichere Berichte darüber nicht vorhanden sind. Daher soll die obige Fragestellung mehr zum Umschauen und zum Nachdenken treiben als bereits Beantwortung finden. Es gibt Gegenden in unserer Provinz, wo angeblich vom Vorhandensein einer Arbeiterfrage nicht das Mindeste gespürt wird, und wo man vor der öffentlichen Besprechung dieser Sache glaubt warnen zu müssen, weil dies heiße: den Teufel an die Wand malen. Andere Gegenden sind bereits mehr oder weniger lebhaft in die Bewegung hineingezogen und schauen aus nach Rath und Hilfe. Die größern Städte zumal und auch die Mittelstädte sind wohl schon alle in das Streikwesen hineingerathen und auch wo auf den Dörfern nahe bei den Städten Maurer und Zimmerleute zahlreicher sind, haben wiederholt Arbeitseinstellungen stattgefunden. Der allgemeine deutsche Arbeiterverein, welcher die Revolutionirung der Gesellschaft betreibt, hat in den Städten unserer Provinz seine Filialen, und um auch ein Stück In-

ternationale unter uns zu haben, ward in Delitzsch
für den 17. März 1873 zu einer Erinnerungsfeier
an die Pariser Commune öffentlich eingeladen. Es
ist überhaupt wohl als wahrscheinlich anzunehmen,
daß, da öffentlich in Zeitungen, Volksversammlungen,
ja im Reichstag die socialistische Weisheit angeprie=
sen wird, und da insonderheit der Heerd dieses gan=
zen unheimlichen Feuers für Deutschland im König=
reich Sachsen ist, auch unsere Provinz mehr und
mehr in Mitleidenschaft gezogen werden wird. Wo
aber die Socialdemokratie auch nicht sollte die Lei=
tung gewinnen, da kann und wird es gleichwohl zu
Kämpfen um den Arbeitslohn, die Arbeitszeit u. dgl.
kommen, wenn nicht die Arbeitgeber durch rechtzeiti=
ges Entgegenkommen die Erregung gegenstandslos
machen. Denn die Arbeitsstunden und Arbeitslöhne
werden sich mehr und mehr gleichmäßig in der gan=
zen Provinz gestalten. Darum ist es nicht weise, sich
einzureden, es sei Friede und habe keine Gefahr,
statt bei Zeiten Klugheit zu lernen und Hilfe zu
schaffen. Obendrein sind ja die Anfänge der Be=
wegung durch die ganze Provinz bereits verbrei=
tet; denn von allen Gegenden kommt die Klage
über Gesindenoth, und das Mißverhältniß zwi=
schen Herrschaft und Gesinde ist im häuslichen Kreise
dasselbe, was der Kampf der reichern und ärmern
Gesellschaftsklassen im Gemeinde= und Volksleben ist.

4. Wer soll helfen?

Bei dem großen Brande in Hamburg fühlten
sich alle Einwohner zur Hilfleistung verpflichtet,

und im großen deutsch-französ. Kriege 1870. 1871 haben **alle** Gesellschaftsklassen des Vaterlandes, jede an ihrem Theile, wirksame Hilfe geleistet. Ebenso bedarf es zur Beilegung des großen socialen Bürgerkrieges, welcher in allen Landen entbrannt ist, des Aufgebots **aller** christlichen Völker, Berufskreise und Stände. Wie wir aber im Krieg gegen Frankreich vor allen den Herrn der Heerschaaren um Seinen allmächtigen Beistand angerufen haben, so bedarf es zur Ueberwindung des socialen Bürgerkrieges voran der **Gnadenhilfe unseres Gottes.** „Unsere Hilfe stehet im Namen des Herrn, der Himmel und Erde gemacht hat". Hier gilt das Wort v. Kettelers: „Nur Jesus Christus, der Sohn des lebendigen Gottes, kann auch in Zukunft dem Arbeiterstande helfen. Wenn der Glaube an Ihn und an Seinen Geist die Welt durchdringt, dann ist die Arbeiterfrage gelöst". Arbeiterfrage, Seite 159. Darum thut unserm Volke, wenn es die große Drangsals- und Prüfungszeit überstehen will, in allen seinen Ständen, voran in den obern, Erkenntniß der mannigfachen Untreue und Pflichtvergessenheit, aufrichtige Buße und Anrufung des lebendigen Gottes noth; dazu der ernste Wille, ferner in den zeitlichen und ewigen Berufspflichten treuer zu sein.

Die **evangelische Kirche und ihre Diener** sollen sich in erster Reihe (von der römisch-katholischen Kirche und den Sekten reden wir hier nicht) verpflichtet und verantwortlich wissen, den ernsten Kampf zum Sieg und Frieden führen zu helfen. Und wieviel ist darin zu thun! „Die Zahl gottesdienstlicher Gebäude und dem Volk zugänglicher „Sitze" hat sich in England in den letzten 20 Jahren viel bedeutender vermehrt als in den vorhergehenden 2—3 Jahrhunderten, und auch die Zunahme der geistlichen Arbeiter und Arbeit ist nicht dahinter zurückgeblieben". Huber, sociale Fragen, VII. Heft Seite 13. Wie beschämt uns evangelische Deutsche dies Wort! Wie thun uns doch in den großen Städten schlichte Gotteshäuser mit nicht vermietheten Sitzen noth, dahin die gegen Kirche und Christenthum mißtrauische Arbeiterbevölkerung zu kurzen Abendgottesdiensten ohne Collecten im Arbeitsrock zu gehen sich getraut! Wie wird unsere Kirche noch lernen müssen sich zu den Bedürfnissen und Fähigkeiten des Arbeiterstandes herablassen und so mehr als bisher in Wahrheit eine Volkskirche werden! ich erinnere hier nur an die Stunde und Länge des Gottesdienstes, an die Auswahl mancher Perikope, an die Predigtweise, die Ausdehnung des liturgischen Elements u. drgl. Wie bedarf es für Groß und Klein der lebendigen Predigt von Christo, daß Sein Leben und Leiden uns vor Augen bleibe und wir all Sein Thun nach der Schrift an den Stätten des heiligen Landes mit erleben! Wie müssen wir in viel innigere Gebetsgemeinschaft mit unserm erhöhten Heiland kommen, in der Fürbitte eifriger sein, daß wir uns zu den neuen Nöthen kräftiger als bisher Seiner königlichen Hilfe getrösten dürfen!

Die evangelische Kirche soll das verlorene Vertrauen der Gebildeten und Ungebildeten wieder zu gewinnen trachten, den Reichen und Armen, Herren und Dienern das Gewissen wecken, für christliche Ehe, Familienleben und Kindererziehung sammt Sonntagsruhe kämpfen, den Unterthanen Gehorsam predigen, und die Obrigkeit an ihre Verantwortlichkeit erinnern, alles gewaltthätige Auftreten und alles Verführen strafen, gegenseitige Achtung, Liebe und Geduld predigen, offenbare Sünden ohne Ansehn der Person, also auch bei den Vornehmen, strafen. Die Kirche zeige, daß sie nicht eine Parteigenossin der mehr besitzenden Stände ist, halte sich aber auch ebenso fern von Schmeicheleien für den Arbeiterstand, zumal dieser schon zu sehr von kirchlichen und politischen Parteien als Schooßkind gehätschelt und verwirrt ist.

Aber die evangelische Kirche will, zumal in jetziger Zeit, nicht allein im steinernen Gotteshause durch die Amtshandlungen im Talar auf die Gemeinde wirken, sie will vielmehr eine thätige, lebendige Gemeinde des Herrn Christi sammeln, die auch im alltäglichen Arbeitsrock im innern Schmuck evangelischen Sinnes und im äußern evangelischer, treuer Berufs- und Heilsarbeit sich darstellt. In der uns bevorstehenden Presbyterial- und Synodalverfassung werden die tüchtigen Laienkräfte der evangelischen Gemeinden eine rechtlich geordnete Betheiligung an der Verwaltung der Kirche finden und auch fähige Männer aus dem Arbeiterstande willkommen sein. Dadurch wird hoffentlich in den weitern Kreisen des Volkslebens mehr Lust, Verständniß und Hochachtung für das Wort Gottes und die hohen Aufgaben der evangelischen Kirche erweckt werden. In den

Arbeiten der **innern Mission** können Leute aus allen Ständen, wenn sie die Liebe Christi treibt, ein reiches Arbeitsfeld finden, und durch Treue im Kleinen mitarbeiten an der Heilung der großen socialen Volkskrankheit. Wir Pastoren werden durch lebendigern Verkehr mit den Arbeiterklassen, zumal wenn dort Krankheit, Noth und andere Traurigkeit einkehrt, ein Verständniß gewinnen für ihre Lage, ihre Wünsche und Bedürfnisse. Wir werden für sie ein Wort einlegen können bei den Herrn und bei rechter Weisheit Vertrauensmänner der Herren und Arbeiter werden können. Dann wird sich der Herr im Himmel zu unserer im Kleinen treuen Arbeit bekennen; und das Wort Gottes, welches ohne Revolution die Sklaverei, die Hörigkeit, die Verachtung des Weibes durch stille Umwandlung der Gesinnung beseitigte, wird auch für die jetzige sociale Krankheit das rechte, helfende Heilmittel sein. „Man würde in der That das Wesen und die welthistorische Bedeutung des Christenthums sehr einseitig beurtheilen, wollte man demselben eine ausschließlich religiös=moralische Mission zu erkennen, den tiefgreifenden Einfluß hingegen, den es trotz dem, daß es sich vor allem nur an den inneren geistigen Menschen wendet, auch auf das gesammte äußere, sociale und materielle Leben der Völker unleugbar ausgeübt und bethätigt hat, unbeachtet lassen" — und: „Die Kluft zwischen Arm und Reich, zwischen der arbeitenden und der besitzenden Klasse auszufüllen und das oberste Gesetz der Liebe zur vollen Geltung zu bringen, war und ist das stete Streben des Christenthums, dessen großer göttlicher

Stifter selbst von einer armen Mutter geboren ward, einen armen Handwerker zu seinem Nährvater gehabt und der sich seine Apostel aus dem Stande der Arbeiter erwählt, um Armuth und Arbeit zu ehren." Contzen a. a. O. Seite 58 und 59.

Der Kirche steht die Schule nahe in ihren Aufgaben. Auch sie macht jetzt, wie die Kirche, eine Entscheidungszeit durch. Wie überhaupt jetzt aller Idealismus vom Materialismus bekämpft und eingeengt wird, so fehlen auch weit und breit Kräfte für die dürftig besoldeten Kirchen= und Schulämter. Wird der Eifer, an des Herrn Haus schon bei den Kindern zu bauen, nicht wieder lebendiger werden? Werden diejenigen, welche solche Gefahren erkennen, sich nicht vereinigen zur Gewinnung von Arbeitern im Schuldienst? Werden die Gemeinden den Lehrern den nöthigen Unterhalt willig geben? Vor allem aber: Wird der Lehrerstand seiner Pflicht, Christum der Jugend ins Herz zu prägen und christliche Erziehung und Zucht zu üben, eingedenk bleiben und sich losmachen von der geistigen Ausartung, in die ein Theil desselben verfallen ist? Wie viele, die als Arbeiterkinder in der Schule nicht für Gottes Wort gewonnen sind, stehen jetzt in den vorderen Reihen der gegen alle christliche Ordnung ankämpfenden Arbeiterschaaren!

Nächst der evangelischen Kirche und Schule gedenken wir der Verpflichtungen unserer Obrigkeit in dem socialen Bürgerkriege. Der Staat soll die Kirche in der Predigt des Evangeliums und der christlichen Erziehung der Nation schützen; er soll

die einzelnen Gesellschaftsklassen mit ihren verschiedenen Interessen zur sittlichen Einheit des Volkslebens verbinden. Er soll „die besitzenden Klassen durch Heranziehung zu einer wahrhaften Selbstregierung, zu den sittlichen Pflichten des Staats- und Gemeindebeamtes erheben über die kurzsichtig egoistische Sphäre nächstliegender Interessen bis zu der sittlichen Höhe gesellschaftlicher Pflichterfüllung; er hat daneben selbst seinen Einfluß und seine Macht zu brauchen, die Nothleidenden zu schützen, die Ungebildeten zu heben und zu erziehen, die Nichtbesitzenden gegen den Egoismus und die Kurzsichtigkeit der Besitzenden, gegen diese Laster, welche immer und immer wieder hervorbrechen, zu sichern. — —
Die Staaten selbst sind schon mannigfach zu Gunsten der bedrohten Klassen eingeschritten. Einmal negativ durch die Hinwegräumung polizeilicher Schranken der Association, besonders durch Aufhebung des ungerechten Ausnahmegesetzes, welches die Coalitionen verbot. Sodann positiv durch eine Gesetzgebung, welche den neu sich bildenden Wirthschaftsorganismen unter gewissen Garantien eine gesicherte Existenz schafft, andererseits aber durch Beschränkungen und Verbotsgesetze die Persönlichkeit des Arbeiters gegen die übermächtigen Capitalverbände zu schützen sucht. Die Beschränkungen der Kinder- und Frauenarbeit, das Gebot von Fabrikordnungen, das Verbot gewisser Arten der Lohnvergütung, die Einsetzung von Fabrikinspectoren, die gesetzliche Beschränkung der Arbeitszeit, — das Alles sind Maßregeln, deren Zweckmäßigkeit von den concreten Ver-

hältnissen abhängt, die aber überall da zu verhängen der Staat berechtigt und verpflichtet ist, wo die volle Vertragsfreiheit der an Macht so ungleichen Theile die physische, moralische oder geistige Existenz der Arbeiterklasse gefährdet". Contzen a. a. O. Seite 86. Es ist ein großes Gebiet von Pflichten und Aufgaben, die der Staat als eine erziehende, sittliche Macht zu erfüllen hat. Durch Weisheit und Treue in Erfüllung seines Berufes wird er die sociale Krisis überwinden helfen. Die Kirche aber hüte sich, dem Staate in einzelne Maßnahmen und Organisationen hineinzureden; statt dessen wolle sie die Obrigkeit treulich an die ewigen Gesetze des Königreiches Jesu Christi mahnen als an ein Licht auf ihren oft dunkeln Wegen.

Die Lehrer der Volkswirthschaft haben in jetziger Zeit die hohe Aufgabe zu prüfen, "welche Forderungen die Ethik an die Volkswirthschaft stellt" (Schönberg), diesen Grundsätzen zur Anerkennung bei den Besitzenden und Besitzlosen zu verhelfen und ihren Einfluß auf die Gesetzgebung und Verwaltung der Staaten geltend zu machen. "Der heutige Zustand der Volkswirthschaft kann nicht als das letzte Wort der christlichen Cultur betrachtet werden; die herrschenden ökonomischen Maximen und die Lebensanschauungen des Christenthums stehen vielfach in schneidendem Widerstreit. Es wird zu normalern und befriedigendern Gestaltungen kommen, wenn die Leute sich erst gewöhnen Arbeit und Besitz nicht mehr bloß als Mittel zum Leben und Wohlleben, sondern vor allem als Beruf und Gabe von Oben und im

Lichte unserer ewigen Bestimmung anzusehen". Concordia, Jahrgang 1872. Seite 258.

Die Freigeister in Literatur, Journalismus, Zeitung und politischen Kammern sollten endlich erkennen, wie sie sich in Rede und Schrift am Volk versündigt haben und noch versündigen; denn sie bemühen sich in jeder Weise den Gebildeten und Ungebildeten die christliche Religion und die kirchlichen Ordnungen verächtlich zu machen. Die Saat geht nun freilich auch zum Erschrecken auf und die Socialdemokratie wächst den verblendeten Volksrednern und Literaten schon über den Kopf. Die Freigeister belächelten die christliche Frömmigkeit, die Socialdemokraten räumen mit den letzten Resten alles Idealismus und mit der gemeinen Sittlichkeit der 10 Gebote auf. Erfreulich ist es, daß in unserer Provinz eine Vereinigung von Zeitungs-Redacteuren zur Abwehr schmutziger Annoncen zu Stande gekommen ist. Freilich sind es nur Lokalblätter. Möchten auch die größern Provinzblätter hierin mehr Selbstcritik und Tact üben! Der letzte Journalistentag in Süddeutschland und ein die schmutzige Presse beschämendes öffentliches Wort*) aus Berlin sind erfreuliche Weckrufe der Standesgenossen an das Gewissen.

Im hohen Grade sind die obern, mehr besitzenden Gesellschaftsklassen, insonderheit die Industriellen, bei der socialen Frage betheiligt; denn es ist ja ursprünglich eine mehr wirth-

---

*) Beta, die Geheimmittel- und Unsittlichkeits-Industrie in der Tagespresse. Berlin, Zabel. 1872. 10 Sgr.

schaftliche als politische Frage. Wenn ein Sachverständiger wie Dr. Engel gegen das moderne Industriewesen die schwerwiegende Anklage erhebt, daß es eine Ausnutzung der Armen ist, so sollte doch jeden Fabrikherrn das Gewissen treiben, nicht ferner in öffentlich anerkannten und abstellbaren Mißständen des Fabrikwesens gegen die ärmeren Stände sich zu versündigen. Die Menge der Fabrikanten aber, welche nur eine Frage kennt: Wie werde ich reich? sollte sich durch die edlen Standesgenossen beschämen, bei der Standesehre reizen und zur Durchführung humaner und christlicher Grundsätze anspornen lassen. Von dem ganzen begüterten Stande aber, so fern er die Arbeiterfrage gern einzig aus der unmäßigen Genußsucht der Arbeiter erklären und das Wohlleben für sich als ein göttliches Vorrecht conserviren möchte, gilt das Wort: „Keine größere Gefährdung alten Besitzstandes als seine starre Aufrechterhaltung gegen unabweisbare Zeitforderungen. Die bevorzugten Tausende mögen Friede! Friede! rufen; unter den alten Bedingungen ist jedoch kein Friede zwischen ihnen und den niedern Millionen mehr möglich." Contzen, a. a. O. Seite 14. Der Mammonsdienst ist zum Erschrecken weit verbreitet auch durch die höhern Gesellschaftsklassen und ihr trauriger Mangel an christlichem Pflichtgefühl, an erstem Willen, die untern Stände recht zu leiten, an Neigung, sich etwas zu versagen und sich selbst Schranken zu setzen im Gebrauch sinnlicher Genüsse und der Freiheit, ist die Hauptschuld an der acut gewordenn socialen Zeitkrankheit. „Die Pflich=

ten, welche der Besitz von Reichthum gegenüber der ganzen Gesellschaft giebt, müssen mehr als bisher von den Besitzenden anerkannt werden. Der Besitzer von angesammeltem Vermögen ist nämlich in keiner Weise berechtigt, sich als absoluten Eigenthümer zu betrachten. Wie ein König soll er seine Stellung in der Gesellschaft als ein Amt ansehen, welches weniger Rechte vielleicht als Pflichten auferlegt." Brentano. Darum ist es schön, daß die neue Kreisordnung die Begüterten auffordert, Ehrenämter zu bekleiden und so die Leitung des Volkslebens durch geistige Tüchtigkeit wieder zu gewinnen. Dann wird das bloße Geld ohne geistige Bildung, ohne Leistung und Dienste für das gemeine Wohl, noch tiefer in der Achtung sinken, als es heute schon in den Augen des Arbeiterstandes gesunken ist. Welche schöne Mittel gewährt doch Reichthum in der Hand eines edlen, christlichen Menschenfreundes! „Ein einzelner Reicher kann mit seinem Vermögen der Menschheit vielmehr Gutes und Nützliches erweisen, als wenn dasselbe auf eine Anzahl Armer vertheilt wäre, und jeder davon nur ein Minimum besäße." Contzen a. a. O. 87. Und wie würde der Arbeiterstand, wenn er mehr Liebe bei den höhern Ständen fände, sich vielmehr als jetzt willig finden lassen, den Verführern sich zu entziehen und in die gemeinsame Friedensarbeit mit den andern Ständen wieder einzutreten! Ein Pionir von Rochdale sagte zu unserm deutschen Landsmanns Huber: „Wo finden wir Arbeiter eine neue Liebeskraft?" und die Concordia sagt: „Zu den speciellen Mitteln und Maßregeln,

welche gegen die socialen Uebel angewendet werden
können, verhält sich die Liebe etwa wie zu den ver=
schiedenen Arzeneien die rechte Diät; öfters wohl
kann durch letztere allein auch eine ernste Krankheit
gehoben werden, aber trotz der erprobtesten Medica=
mente ohne sie niemals." Jahrgang 1873. Seite 2.
Wenn so die Kirche und die begüterten Gesell=
schaftsklassen den ärmeren Ständen eine neue Liebes=
kraft zeigen wollten, dann würde die Gefahr des
wüsten Communismus und der Zerstörung des heu=
tigen Gesellschaftslebens beseitigt werden. Denn
dann herrschte christliche, apostolische Gütergemein=
schaft unter uns, welche nicht vom „Haß der Ar=
men", sondern von der „Liebe der Reichen" ausgeht
(Roscher). Denn „Reichthümer sind als Gemein=
gut anzusehen, wofern sie der Gute besitzt". (Platen).
Und nun endlich einen Blick auf den Arbei=
terstand. Alle Mühe und Hilfe der Kirche und
Obrigkeit, der Arbeitgeber und der Gesellschaft wird
frucht= und erfolglos sein, wenn nicht der Arbeiter=
stand vor allem selber sich thätig zeigt d. h. in leib=
licher, geistiger, moralischer und religiöser Hinsicht zur
Mitarbeit gewonnen wird und die ihm gebotene Hilfe
für sich nutzbar macht. Darum kommt es zuerst da=
rauf an, daß zwischen den mehr und weniger Be=
sitzenden sich wieder ein Vertrauensverhältniß herstellt.
Gehen wir darum dem Arbeiterstande in seinen Sor=
gen und Nöthen nach, zeigen ihm Theilnahme, Liebe
und nach Kräften thatsächliche Hilfe. Dann wird
mancher Arbeiter sammt den Seinigen wieder an die
helfende und erbarmende Liebe, nicht bloß der Men=

schen, sondern Gottes glauben lernen, wieder zu unsern Gottesdiensten kommen, die Mahnungen zu Fleiß, Sparsamkeit, Gewissenhaftigkeit, Gottesfurcht, Häuslichkeit zu Herzen nehmen. Sie werden dem Worte des großen Franklin mehr Glauben schenken als den socialistischen Verführern, wenn er sagt: „Wer den Arbeitern sagt, daß sie auf andere Weise als durch Fleiß und Sparsamkeit ihre Lage verbessern können, der ist ein Verführer des Volks." Sie werden es schmecken lernen, daß der durch „Fleiß und Sparsamkeit erworbene Besitz einen besonderen Werth hat; es klebt der Schweiß, aber auch der Segen der Arbeit daran. Das treibt von selbst dazu, das Erworbene zu erhalten. Die Sorge der Erhaltung weist uns sodann hin auf eine höhere Macht, von der der Segen, von der der Schutz kommt; — zu dem moralischen tritt das religiöse Moment." Contzen a. a. O. 96.

Ist so erst der bessere Theil der Arbeiter den Verführern abgewonnen und für vernünftige Vorstellungen zugänglich geworden, dann werden die Gewonnenen unter ihren Standesgenossen die neuen und richtigen Grundsätze verbreiten helfen. Aus der Jahrhunderte langen Leidensgeschichte des Bürger- und Bauernstandes werden sie lernen, daß mit revolutionärem Drängen nur Schaden angerichtet wird und daß der Arbeiterstand nur durch gehobne geistige, technische und moralische Tüchtigkeit den andern Ständen zur Seite treten kann. Die Arbeiter werden den Werth der Schule und der Fortbildung erkennen und die aufreibende aber mehr verborgene Arbeit der Studirten und der Unternehmer als wirkliche, ja als hö=

here Arbeit anerkennen lernen und so wieder in ein richtiges Verhältniß zu den höheren, arbeitsamen Ständen treten. Sie werden die hohe Bedeutung der Obrigkeit wieder verstehen lernen, denn:

Arbeit ist des Bürgers Zierde,
Segen ist der Mühe Preis:
Ehrt den König seine Würde,
Ehret uns der Hände Fleiß.

Sie werden unter sich zu Genossenschaften zusammentreten; und indem sie erkennen, wie zur technischen und geistigen Tüchtigkeit es vor allem der Gewissenhaftigkeit und Pflichttreue der Mitglieder und Leiter bedarf, wird in weitern Kreisen wieder ein Verständniß lebendig werden für den Werth des Wortes Gottes und des öffentlichen Gottesdienstes. Wenn sie aber erst wieder in Gottes Haus und zu Gottes Wort kommen, dann werden ihnen die goldnen socialen Weisheitssprüche der Schrift neuen Segen bringen z. B. „Es ist aber ein großer Gewinn, wer gottselig ist und lässet ihm genügen" (1. Timoth. 6, 6.); sie werden zur Erkenntniß ihrer eigenen Verschuldung kommen und die ersten Bußklänge in den Herzen der Arbeiter werden Adventsstimmen des nahenden Heilandes sein. Der edlere Theil der Arbeiterwelt wird mit dem edleren Theile der höheren Stände nach bittern Erfahrungen einstimmen in das Wort des Fischers von Bethsaida, des Apostels Petrus: „Es ist in keinem andern Heil, ist auch kein anderer Name den Menschen gegegeben, darinen wir sollen selig werden, als allein Jesus Christus. Apostelgesch. 4, 12.

Versuchen wir nunmehr im zweiten, besonderen Theile das Gebiet des Arbeiterlebens zu durchwandern, um die Schäden im Einzelnen zu erkennen und zu prüfen, wie weit durch christlichen Eifer, Treue und Gewissenhaftigkeit der evangelischen Kirche, des Staats, der Gemeinde, der Begüterten und der Arbeiter selber Abhilfe und Besserung zu erreichen ist. Wir achten zu dem Ende auf:
1. das Familienleben des Arbeiters,
2. die ländliche Arbeiterbevölkerung,
3. die städtischen Arbeiter, besonders die Fabrikarbeiter,
4. die deutsche Socialdemokratie und die europäisch-amerikanische Internationale.

1. Das Familienleben des Arbeiters.

Wenn die Tochter einer Arbeiterfamilie confirmirt und aus der Schule entlassen ist, bleibt sie entweder bei den Eltern zur Hilfe, oder sie vermiethet sich, oder sie lernt nähen, oder geht zur Fabrik. Das Erste ist naturgemäß und bei rechter mütterlicher Anleitung heilsam. Das Nähenlernen ist vieler Orten jetzt beliebt und bringt mehr Eifer für Flicken u. drgl. in die Familien, auch wird es dadurch leichter gemacht, Lehrkräfte für den Unterricht der Schulmädchen in weiblichen Handarbeiten, ja Helferinnen für die Kleinkinderschule u. drgl. zu gewinnen.

Die Fabrikarbeiten der Mädchen und Frauen haben die Nachfrage nach weiblichen Arbeitskräften sehr gesteigert und den Lohn auch der Dienstmägde bedeutend erhöht. Manche Fabrikarbeiten sind nachtheilig für die weibliche Natur, andere nicht. Die sittlichen Gefahren können bei Gewissenhaftigkeit und treuer Fürsorge der Herren sehr gemindert werden. Zum Fabrikanten Metz in Freiburg in Baden bringen die gewissenhaften Eltern ihre Töchter gern, weil sie bei ihm sittlich besser bewahrt sind als bei den Bauern. In mehreren Fabrikdistrikten Deutschlands sind die sittlichen Verhältnisse günstiger als in andern nur Ackerbau treibenden Gebieten. Immerhin aber ist es den Mädchen gut, wenn sie einige Jahre bei einer Herrschaft dienen, um so für ihren eignen spätern Haus- und Ehestand eine heilsame Anleitung und Vorbereitung zu gewinnen.

Die Dienstzeit der Mägde ist eine wichtige und reiche Lehr- und Erziehungszeit für das spätere Leben, wenn die Hausfrau Verständniß dafür hat und es treu meint, auch die Magd willig und fügsam ist. Wir haben $1/2$ Million Mägde in Preußen; von hundert selbstthätigen weiblichen Personen dienen 19 als Mägde, während nur 5—6 bei der großen oder kleinen Industrie beschäftigt sind. Welch ein Segen, wenn diese $1/2$ Million Mägde von treuen Herrschaften, besonders den Hausfrauen, recht gehalten und zu gottesfürchtigen, fleißigen, ordentlichen Arbeiterfrauen ausgebildet würde! In neuester Zeit hat besonders v. d. Goltz auf die Wichtigkeit des Gesindewesens für die sociale Frage hingewiesen. Er sagt in der Concordia 1873 Seite 71: „Die Zeit des Gesindedienstes scheint vorzugsweise dazu bestimmt, um den weiblichen Dienstboten das zu lehren, was sie auf dem späteren Lebenswege gebrauchen, also die Aufrechterhaltung der Reinlichkeit und Ordnung im Hause, die Sorge für Ernährung und Bekleidung der Familienglieder, die Pflege der Kranken, die leibliche und geistige Erziehung der Kinder. Wenn alle weiblichen Dienstboten von ihren Herrinnen in richtiger Weise zur Erfüllung dieser Obliegenheiten angeleitet worden wären, dann stände es heute besser mit der arbeitenden Klasse. Dann wäre auch bei derselben weniger Neid und Haß gegen die wohlhabenden Stände, dagegen mehr Zufriedenheit zu finden. Wollen wir bewirken, daß die Frauen der Arbeitnehmer ihre Aufgabe in einer für sie selbst und das Gemeinwohl förderlichen Weise ausfüllen, daß sie namentlich auch ihren Kindern die Tugenden des Fleißes, der Sparsamkeit, der Sittsamkeit, der Pietät gegen göttliche und menschliche Autorität einflößen, so giebt es hierzu kaum ein wirksameres Mittel, als daß wir die weiblichen Dienstboten in angemessener Weise behandeln, daß wir sie namentlich nicht bloß für die eigenen Zwecke ausnutzen, sondern daß wir sie für ihren künftigen Lebensberuf erziehen." Vgl. dessen Schrift: die sociale Bedeutung des Gesindewesens. Danzig 1873.

Fragen wir nun: Erkennen unsere begüterten Stände, besonders die Hausfrauen, diesen ihren Beruf? suchen sie ihre Standespflicht am Gesinde zu erfüllen und so die Arbeiterfrage auch an ihrem Theile lösen zu helfen? Es sei fern von mir, über Tausende mir unbekannter Familien richten und aburtheilen zu wollen. Aber die landläufigen Mishelligkeiten zwischen

Herrschaft und Gesinde, die große Unfähigkeit vieler Arbeiterfrauen, ihre Pflichten gegen den Mann und die Kinder recht zu erfüllen, die entsetzliche Zahl von Ehescheidungen grade im Arbeiterstande, legt für die erziehende Arbeit der Hausfrauen in den höheren Ständen ein beschämendes Zeugniß ab. Es gilt heute wie in den Tagen des Hauptmanns von Capernaum und des Cornelius von Cäsarea, daß das Gesinde wie die Herrschaft ist: gute Herrschaft hat im allgemeinen gutes Gesinde, schlechte Herrschaft schlechtes Gesinde. Aus schlechten Mägden aber werden in der Regel keine guten Hausfrauen werden.

Wo sind die Herrschaften, welche das Gesinde zu den Hausgenossen und zur Familie rechnen? welche mit dem Gesinde zusammen vor Gott im Gebet sich demüthigen und mit ihm essen? welche selber auf Sonntagsruhe und Gottesdienst halten und das Gesinde zur Kirche, Abendmahl und Katechismusübungen mit den Confirmirten schicken? welche für Kindererziehung, Häuslichkeit, Einfachheit, Wohlthätigkeit gegen Nothleidende Sinn haben und des Wortes Pauli an die Kolosser (Cap. 4 Vers 1) eingedenk sind: „Ihr Herren (Frauen), was recht und gleich ist, das beweiset den Knechten (Mägden), und wisset, daß ihr auch einen Herrn im Himmel habt?"

Dagegen: Was wird von Herrschaften am Gesinde gesündigt Da sind Frauen hochmüthig und behandeln das Gesinde verächtlich; andere sind herrisch und ohne weiblichen Tact, sie tractiren die Mägde mit bittern Scheltworten; andere rennen aus einer Lust und Gesellschaft in die andere, kleiden und putzen sich wie der reiche Mann im Evangelium und sind außer sich, wenn das Gesinde sich Abends auf den Straßen umhertreibt und theuren geschmacklosen Staat sich auf den Leib hängt. Andere vergnügen sich den ganzen Tag mit Tändeleien und Nichtsthun, aber das Gesinde kann ihnen nicht genug arbeiten. Und endlich — o Schande! — wie manche Magd wird vom Hausherrn um ihre Keuschheit und Ehre gebracht, und dann wird sie einem Diener und Arbeiter zur Ehefrau angeboten!

Ist es unter solchen Umständen — und ich berichte Thatsachen, die sich nicht bloß vereinzelt finden — zu verwundern, daß manche Herrschaften zu jedem Termin und auch in den Zwischenzeiten Mägdewechsel haben? daß über Unlust zur Kirche, Trägheit, Empfindlichkeit, Betrügerei, Diebstahl, Putz- und Vergnügungssucht, Unzucht der Mägde geklagt wird? Lebt ja doch in den Mägden wie in den Herrschaften der alte Mensch der Sünde! Und sollten nicht die Herrschaften erst an ihre eigene Brust mit dem bußfertigen Zöllner schlagen, ehe sie über das Gesinde richten?!

Wohl den Mägden, die bei einer christlichen, treuen Herrschaft mit Ernst und Freundlichkeit angeleitet sind, einem Hauswesen dereinst recht vorzustehen! Wohl dem Arbeiter, der eine keusche, tüchtige Frau für sein Hauswesen gewinnt! —

Im Arbeiterstande wird viel früher geheirathet als in den obern Ständen. Der Arbeiter denkt, weil er für sich bald reichlichen Lohn gewinnt, reiche er auch für eine Familie hin. Wenn aber des Ar=

beiters Bedürfnisse mit der wachsenden Kinderzahl, allerlei Krankheit u. drgl. steigen, aber die nöthige Geschicklichkeit zur Erwerbung eines höheren Lohnes nicht erworben, auch vor der Ehe nichts erspart ist — dann treten Sorgen und Versuchungen zu allerlei Sünde auf. Möchten die jungen Arbeiter nach der Schulzeit sich geistig fortbilden; die bloß mechanische Arbeit wird mehr und mehr von Maschinen ausgeführt, der Arbeiter aber soll mit Nachdenken die Maschine regieren lernen. Möchten die jungen Leute ihre Sinnlichkeit mehr zügeln und auf die Ehe verzichten, so lange sie nicht ein nennenswerthes Ersparniß gemacht oder ein kleines Eigenthum erworben haben!

Von der andern Seite ist im Arbeiterstande, besonders in den Städten, jetzt die gefährliche Unsitte weit verbreitet n i c h t zu heirathen. Damit entgehen sie all den Segnungen des von Gott geordneten Familienlebens. Aerzte haben berechnet, daß eine ordentliche Ehefrau auch ohne Mitgift durch gute Pflege und liebevolles Wesen ihrem Manne 11 Jahre verlängertes Leben in die Ehe mitbringt. Außerdem wird durch das Nichtheirathen der Arbeiter ein unordentlicher, zuchtloser Lebenswandel, das Concubinats- und Prostitutionswesen befördert. In B e r l i n und W i e n werden jährlich 20 Millionen Thaler mit Sünden im 6. Gebot umgebracht und daß M a g d e b u r g durch seine Prostitution der Provinz ein beschämendes Beispiel giebt, ist durch die Denkschrift des Central-Ausschusses für die innere Mission der deutschen evangelischen Kirche zur öffentlichen

Kenntniß gebracht. Darnach stehen 2000 Frauenzimmer in Magdeburg als Prostituirte unter polizeilicher Controlle. 1868 wurden im städtischen Krankenhause 511 Personen mit ansteckender Krankheit behandelt, darunter 315 Frauenzimmer, von denen 146 Mägde von auswärts. Fliegende Blätter 1869 Seite 143. Und ist es nicht noch in frischem Gedächtniß, wie selbst viele Landwehrfrauen während des Krieges von 1870 und 1871, da ihre Männer auswärts im Dienste standen, im Krankenhause zu Magdeburg an schmutziger Geschlechtskrankheit behandelt werden mußten! Aber — fragen wir — was treibt die unverheiratheten, aber auch verheiratheten Frauenzimmer zur Prostitution? Ist es nicht Verwahrlosung in der Erziehung und Ausbildung als Kind und Magd, Losreißung von Gott, kirchlichem Leben und ehrbarer Sitte, Vergnügungssucht, wirthschaftliche Nothstände, Kuppelei? Solche Sünden und Versäumnisse ruiniren das ehrbare Familienleben und nagen am Marke unseres Volkes.

Die Frau des Arbeiters sei häuslich und mache dem Mann zu seiner Rückkehr ins Haus die Familienstube zu einem lieben Daheim. Die Wohnungsnoth ist in den Städten größer als auf dem Lande. Dort zwingen theure Miethen zum Abzug an der Nahrung und Kleidung; Kellerwohnungen aber und drgl. kürzen das Leben ab. Bei der 1849 in London wüthenden Cholera starben 18,000 Menschen, davon 2,6% vom reichen, 15,7% vom mittleren, 81,7% vom armen Stande. Verhandlungen der Bonner Conferenz Seite 13. Hier kann der begüterte Stand dankbar aufgenommene Hülfe leisten durch Darreichung von Capitalien gegen landesüblichen Zins zur Gründung von Baugenossenschaften zur Beschaffung von gesunden und wohlfeilen Wohnungen für den Arbeiterstand und den kleinern Mittelstand. In Magdeburg, Halle u. a. O. sind bereits solche gemeinnützige Gesellschaften zusammengetreten.

Wenn Gott der Arbeiterfrau Kinder schenkt, rechne sie das Selbststillen zu ihren Mutterpflichten. Aerzte haben festgestellt, daß von Kindern, welche die eigne Mutter nährt, 8—9%, von Ammenkindern 18%, von Päppelkindern 51% sterben. Von 100 Säuglingen, welche die Mutterbrust haben, waren 62,8 gut, 23,2 mittelmäßig, 14 schlecht entwickelt; bei Ammennährung 46,8 gut, 25,9 mittelmäßig, 27,9 schlecht; bei künstlicher Ernährung 10 gut, 26 mittelmäßig, 64 schlecht entwickelt. Albu, Gesundheitspflege 1871. Nr. 5. Seite 3. Thut die Mutter hierhin ihre Pflicht, so wird die entsetzliche Sterblichkeit der Kinder im Arbeiterstande gewiß gemindert werden. Und dann sei die Mutter treu in der Fürbitte für den Mann und die Kinder, halte sich selbst sammt dem Mann und den Kindern zur Kirche, schicke die Kinder treulich zur Schule und vertrete in der häuslichen Erziehung den abwesenden Ehemann.

Ist aber der Sohn confirmirt, so lasse der Vater ihn nicht gegen Kostgeld thun, was er will, mit seinem übrigen Verdienst; er halte auf seine Haus- und Vaterehre gegen die Kinder und lasse sie nicht ungestraft zuchtlos, verschwenderisch, unkirchlich sein. Er sammle dem Sohn sein Erspartes und gebe es ihm dereinst als ein willkommenes Angeld in den eigenen Ehestand. Allen Arbeiterfamilien aber und ihren Freunden ist ein Büchlein, das nur 4½ Silbergr. kostet, herzlich zu empfehlen: Peter, die Arbeiterfamilie im Lichte des Christenthums. Zwickau 1870. 115 Seiten.

2. **Die ländliche Arbeiterbevölkerung** der Provinz Sachsen bildet einen erheblichen Theil der ganzen Einwohnerzahl. Nach der Zählung von 1865 waren in der Provinz 121 Domänen mit fast 10 □Meilen Flächeninhalt. Dazu kommen nach der Zählung von 1867: 1250 selbstständige Gutsbezirke (408 im Reg.-Bezirk Magdeburg, 662 im Reg.Bezirk Merseburg, 180 im Reg.-Bezirk Erfurt) mit 2,438,874 Morgen Land, welche 2393 Besitzern gehören. Endlich gab es 1866 in der Provinz 3027 Landgemeinden mit 6,425,732 Morgen. In diesen Dörfern wohnten 26,409 Hausbesitzer ohne Acker und 183,501 Ackerbesitzer. Vgl. Jahrbuch für die amtliche Statistik des preußischen Staates. 3. Jahrgang. Berlin 1869. Der Arbeiterstand für diese großen und kleinen Landgüter war nach der Zählung von 1867: 48,324 Knechte und Jungen, 47,870 Mägde, 57,237 männliche Tagelöhner, 59,486 weibliche Tagelöhner.

Es ist das Verdienst des Prof. v. d. Goltz, auf die Zustände der ländlichen Arbeiter und auf ihren Zusammenhang mit der jetzt brennenden socialen Frage aufmerksam gemacht zu haben. Außer den von ihm gearbeiteten Artikeln in der „Concordia" und dem Vortrage auf dem Hallischen Kirchentage über die „Mitwirkung der evangelischen Kirche bei der Lösung der ländlichen Arbeiterfrage" ist sein umfangreiches Buch: die ländliche Arbeiterfrage und ihre Lösung, Danzig 1872 von hervorragender Bedeutung. Sein Streben ist: den Arbeitgebern die Augen zu öffnen über allerlei Mißstände in der Lage der ländlichen Arbeiter, sie willig zur Abhilfe zu machen und die Arbeiter und Arbeitgeber anzuleiten, mit vereinigten Kräften auf eine Hebung des Arbeiterstandes im Leiblichen und Geistigen, Moralischen und Religiösen hinzuwirken. Warnend deutet er auf die bereits aus der Nähe drohenden Gefahren der Socialdemokratie hin und zeigt, wie die Landwirthe diese große Gefahr rechtzeitig abwenden sollen. Wenn seine Anschauungen über die ländlichen Dienstleute überwiegend von ostpreußischen Verhältnissen auszugehen scheinen und vielfach auf die Provinz Sachsen nicht oder wenig anwendbar sind, so ist das Uebrige doch von so allgemeiner religiöser, sittlicher und speciell socialer Bedeutung, daß die Lectüre des Buches allen Landwirthen und Freunden der ländlichen Arbeiter, besonders den Landpastoren, nicht dringend genug empfohlen werden kann.

Bereits ist eine wichtige Frucht seiner Thätigkeit zu Tage getreten. Auf Anregung des Central-Ausschusses für die innere Mission ꝛc. ist in Berlin unter Leitung des Prof. v. d. Goltz eine Conferenz ländlicher Arbeitgeber 1872 in Berlin zusammengetreten und hat sich bald darauf als „**deutscher Verein ländlicher Arbeitgeber**" definitiv constituirt. Indem ich auch auf diese im Druck vorliegenden Protokolle über die Verhandlungen dieser Berliner Conferenz (Danzig, 1872) verweise, glaube ich mich bei Besprechung der ländl. Arbeiterfrage hie und da beschränken zu dürfen.

Wir achten auf die Drescher und Tagelöhner a. auf Domänen und Rittergüter, b. auf Bauergütern, und c. auf die freien Arbeiter in den vom Fabrikwesen beeinflußten Dörfern.

a. Ueber die **Drescher und Tagelöhner auf Domänen und Rittergütern** findet sich bei v. d. Goltz sehr ausführliches Material. Darnach stellt sich die Lage dieser Arbeiter wegen der üblichen Naturallöhnung ökonomisch meist nicht ungünstig; dagegen sind sie in geistiger Entwickelung vielfach gegen die freien Arbeiter zurückgeblieben. Es mahnen v. d. Goltz und seine Genossen auf der Berliner Conferenz, den Leuten den Sonntag frei zu geben, ihnen menschenwürdige Wohnungen auch bei eignem unvernünftigen Widerstreben zu bauen, für die Kinder- und Frauenpflege, für das Alter der Arbeiter Sorge zu tragen. Ueber die Arbeiter auf den Staats-Domänen sagt er rügend, daß der Staat bisher bei seinen 855 Domänen (1,367,621 Morgen) nur auf die Höhe des augenblicklichen Ertrages gesehen und seine sociale Verpflichtung ganz aus dem Auge gelassen hat. Keine Pachtbedingung nehme z. B. auf das Wohl der Arbeiter Rücksicht, daß sie ihre Habe gegen Feuer und Krankheit versichern,

Sparkassen und gesunde Wohnungen haben. — —
„Den Domänenpächtern liegt ebenso wie den meisten übrigen Landwirthen mehr daran, gute Ställe und Scheunen als passende Wohnungen für ihre Tagelöhner zu haben. — — Der Staat darf durchaus nicht auf derselben Bahn wandeln, wie viele Private; er darf nicht um des eignen augenblicklichen materiellen Vortheils willen sich der sittlichen Aufgabe entziehen, an den auf seinen Gütern beschäftigten Arbeitern das zu thun, was er von jedem privaten Grundbesitzer gethan zu sehen wünschen muß". Ländl. Arbeiterfrage Seite 253.

Anzuerkennen ist, daß wohlgesinnte Gutsherrn zum Theil bereits Erfreuliches für die Besserung der ländl. Arbeiterverhältnisse unter nicht geringen Opfern ihrerseits geleistet haben, wie darüber bei v. d. Goltz a. a. O. Seite 185 flgde zu lesen ist.

b. Die Drescher auf den Bauergütern stehen, wo die Bauern noch mit den Dienstleuten zusammen arbeiten, den letztern als Genossen nahe und scheint in derartigen Dörfern unserer Provinz das gegenseitige Verhältniß im Ganzen günstig zu sein. Die Leute sind auf Naturallöhnung angewiesen und somit steigen ihre Einnahmen mit dem Ertrag des Ackers und mit den steigenden Korn preisen.

Die Knechte und Mägde haben auch Antheil am Ertrag des Viehstandes und leben im Ganzen als Hausgenossen und Familienglieder. In größern Dörfern halten die Knechte unter sich Zucht und Ordnung, wozu ein Jahrhunderte altes Knechts-Innungswesen heilsam mitgewirkt hat. Magdebg. Geschichtsblätter 1872 Seite 413. Sonntagsarbeit kommt in solchen Dörfern im Ganzen wenig vor, zumal die Wirthschaftsverhältnisse einfach und weniger versuchlich sind. Als Schattenseite wird mehrseitig hervorgehoben, daß der Drescherstand nur an das Durchkommen von einer Ernte zur andern denkt, keinen rechten Trieb hat Eigenthümer zu werden und auf eignen Füßen zu stehen (was ihm freilich auch von Seiten der Bauern meist nach Kräften erschwert wird), überhaupt wenig Trieb hat zur socialen und geistigen Fortbildung und Hebung. Die träge Gewohnheit des Daseins beherrscht ihn und er haßt, wie der Bauer selber, alle Neuerungen, auch die guten. Das kirchliche Leben hat hier, nach mehrseitigen Berichten, noch seinen alten, gewohnheitsmäßigen Bestand. Ob bei eintretender Umbildung der Arbeiterverhältnisse und darin liegender Prüfung des innern Menschen genügende Widerstandskraft vorhanden sein wird, läßt sich nicht voraussagen.

c. Schwieriger sind die **Arbeiterverhältnisse in den vom Fabrikwesen veränderten Bauerdörfern**. Vgl. fliegende Blätter 1867 Seite 283. Während zu Anfang dieses Jahrhunderts auf den Dörfern um Magdeburg höchstens einzelne freie Arbeiter lebten, sind sie jetzt dort zu Tausenden zu finden. Diese Veränderung ist hervorgerufen durch die seit Anfang dieses Jahrhunderts um Magdeburg gebauten Cichoriendarren und ganz besonders durch die Runkelrüben-Industrie. Cichoriendarren giebt es in den 8 alten Provinzen Preußens etwa 31: in Breslau 5, in Berlin 2, in Halle 2, in Nordhausen 2, der Rest von einigen

20 um Magdeburg. Rübenzuckerfabriken waren im Winter 1867—1868 in unserer Provinz 138 im Gange, während man 1842—1843 nur 36 (incl. Anhalt) zählte. In den andern Provinzen sind nur wenige z. B. in Schlesien 39, in Brandenburg 18, in Pommern 7. In den 8 alten Provinzen Preußens giebt es 208 Fabriken. Vgl. Jahrbuch für die amtliche Statistik des preußischen Staates. 3. Jahrgang.

Diese beiden Industriezweige haben die Verhältnisse der Landgemeinden, wohin sie wirkten, vollständig umgestaltet. Die Fabrikanten pachteten um hohen Jahreszins den Bauern ihren Acker ganz oder zum Theil ab und bestellten ihn fabrikmäßig nach den Grundsätzen der Agriculturchemie. Die Bauern entließen ihre Drescher und andere Dienstleute theilweise oder ganz und diese wandten sich als freie Arbeiter den Fabrikanten zu. So kam der kleine Stand um seine Naturallöhnung und seine Anhänglichkeit an den Bauerhof; je mehr die Fabriken Acker bestellten, um so mehr wuchs in den Dörfern der Stand freier Arbeiter. In manchem Dorfe sind sie jetzt ein ansehnlicher Theil der Gemeinde, der bei politischen und kirchlichen Wahlen u. d. gl. von nicht zu unterschätzender Bedeutung ist.

Achten wir nun auf die Licht- und Schattenseiten der neugebildeten Gemeindeverhältnisse in ihrer Bedeutung für die sociale Frage.

Der Bauerstand wurde reich durch den Fabrikanten, lernte aber auch seinen Acker besser als bisher bestellen, sodaß der Ertrag des Bodens jetzt gut das Doppelte vom frühern Ertrage ist. In manchen Gemeinden entstand nun ein löblicher Eifer nach höherer Ausbildung. Die Bauern, welche den Namen „Oekonomen" annahmen,*) schickten ihre Söhne auf Gymnasien, Real- und Ackerbauschulen; die einen gingen zur Universität, die andern kehrten ins Dorf zurück und veranlaßten hier die Gründung von Zuckerfabriken u. d. gl. und die Zurücknahme des dem fremden Fabrikanten verpachteten Ackers. Nun kehrte der Arbeiterstand zu den zu Fabrikanten gewordnen Bauern zurück. Die letzteren traten wieder in vollere Arbeit und geistigere Thätigkeit und fühlen mehr das Bedürfniß der Fortbildung. Sie brachten den kleinen Stand wieder in Abhängigkeit von sich und machten sich geistig fähig und geschickt, die Standesinteressen im Kreis- und Landtag zu vertreten, auch Ehrenämter in der bevorstehenden Selbstverwaltung der Kreise zu übernehmen.

Freilich, geistig träge und stumpfe Bauern gebrauchen den größern Geldgewinn nur zum schmutzigen Geiz oder zu vermehrtem sinnlichen Wohlleben; sie geriethen in Nichtsthun und närrischen Stolz, verachteten den kleinen Stand und beförderten die Spannung zwischen den Reichen und Armen und die Auflösung des sittlichen Gemeindelebens. Wenn sie von den aufstrebenden, fleißigen Arbeitern als Faullenzer gehaßt und gleichzeitig verachtet werden, so ist dies ganz natürlich.

Der Arbeiterstand hatte bei seiner Entlas-

---

*) Jedenfalls paßt der durch Schuld der andern Stände um seinen ursprünglich ehrenvollen Klang gekommene Name „Bauer" nicht mehr für den oben geschilderten, geistig gehobnen Bauernstand.

fung aus dem Drescherverhältniß den Verlust, daß die Naturallöhnung aufhörte und dafür die Geld=
löhnung eintrat. Da aber die Tagelöhne durch die Accordarbeit und die Concurrenz fast jährlich stiegen, auch der Cichorienbau dem kleinen Manne sehr zu Gute kam (Concordia 1872. Seite 300) und durch die Separationen, Dismembrirungen und Parcelli=
rungen der Erwerb eines Häuschen oder eines Morgens Acker leicht gemacht war; — so hat thatsächlich der fleißige Arbeiterstand von den Fabrikverhältnissen einen großen Vortheil gehabt. In einem wirthschaft=
lich aufstrebenden Dorfe bei Magdeburg ist z. B. der neunte Theil der ganzen Feldmark in dem Besitz von Hausstellen, welche ursprünglich ohne Acker und ohne Anrecht an der ungetheilten gemeinen Mark waren. Concordia 1872 Seite 300. In der ganzen Provinz waren im Jahre 1858 auf dem Lande 65,542 Besitzer von weniger als 5 Morgen (Häusler, Klein=
Kossathen), dagegen besaßen 49,732 über 5 bis 30 Morgen (Kossathen), 36,309 hatten 30—300 Morgen (Dreilinge, Halbspänner, Ackerleute,) 1483 hatten 300—600 Morgen (Gutsbesitzer), 1095 hatten über 600 Morgen. Vgl. Jahrbuch für die amtliche Statistik pp. 3. Jahrgang. Nach v. Meitzen haben von 1816 bis 1859 in den 6 östlichen Provinzen Preußens (excl. Regierungsbezirk Stralsund) und in Westphalen die größern spannfähigen Bauergüter an die kleinen nicht spannfähigen Leute 1,292,691 Morgen mehr abgetreten als gewonnen. Concordia 1872 Seite 384. Es ist aber ein solches Vorhandensein großer, mittlerer und kleiner Grundbesitzungen neben einan=

der der Wohlfahrt des Gemeinwesens sehr zuträglich. Komers, Abriß der National-Oekonomie. 1868 Seite 35. Roscher, National-Oekonomik des Ackerbaus. 1867 Seite 145. Und daß der landwirthschaftliche Kleinbetrieb concurrenzfähig mit dem Großbetrieb ist, hat v. b. Goltz in der Concordia 1873 Nro. 48 und folgende erwiesen. Freilich sieht der Bauernstand im Allgemeinen mißgünstig auf diese Erscheinung, zumal angeblich der Felddiebstahl durch das Anrecht der kleinen Leute an der Feldmark vermehrt sei. Aber die einsichtigeren Landwirthe gewinnen bereits ein Verständniß, wie wichtig es für das Gesammtwohl ist, wenn auch der kleine Stand Eigenthümer wird. Denn erstens ist der besitzende Arbeiter fast durchweg tüchtiger und zuverlässiger (v. d. Goltz, ländliche Arbeiterfrage Seite 202 u. 215); sodann ist, wer etwas zu vertheidigen und zu verlieren hat, für die Gemeinde- und Staatsordnung mehr interessirt und läßt sich von den Socialdemokraten nicht so leicht verführen. Was aber die Klage über das Zunehmen des Felddiebstahls anlangt, so bekennen alte Leute ganz offen, daß früher mehr im Großen und unverschämter als jetzt gestohlen ist. Uebrigens mögen doch die auf den sich ökonomisch hebenden kleinen Stand mißgünstigen Bauern nicht vergessen, wie sie selbst meistens aus bloßen Zinsleuten und Unfreien allmählich freie Eigenthümer geworden sind und wie mancher von ihnen durch den erst in Erbpacht, dann zu Eigenthum gegebnen frühern Kirchenacker zu einem selbstständigen Hofwirth avancirt ist. —

Der ländliche Arbeiter hat mancherlei Vorzüge vor dem städtischen. Zum ersten ist es auf dem Lande gesunder. Der Landmann lebt nach Dr. Ohrenfurth durchschnittlich 10½ Jahre länger als der Städter. Denn wenn viele ländliche Arbeiter auch im Winter zur Zuckerfabrik u. d. gl. auf Arbeit gehen, so sind sie doch vom Frühjahr bis zum Herbst in freier Luft. Die Wohnungsnoth ist auf dem Lande geringer als in den Städten. Die Feldarbeit ist mannigfach und durch den Zusammenhang mit dem Ackerbau wird der Arbeiter mehr bei Gottesfurcht und gesunder Natürlichkeit erhalten. Daß der ländliche Arbeiter leichter als der städtische zu Eigenthum kommt und daher nicht so hoffnungs- und aussichtslos hinlebt, ist bereits gezeigt.

Von der andern Seite hat der städtische Arbeiter, um dies hier gleich zu erwähnen, Gewandtheit und geistige Regsamkeit vor dem ländlichen voraus. Goltz ländl. Arbeiterfrage, Seite 111. Selbst ein Holzhauer in der Stadt spaltet an einem Tage viel mehr Holz als der auf dem Lande. Freilich sind auch die ländlichen Arbeiter an Tüchtigkeit sehr verschieden; und wie die ländliche Arbeiterbevölkerung in Fabrikgegenden geistig regsamer ist als die in rein ackerbauenden Gebieten, so steht angeblich (!) der norddeutsche Arbeiterstand überhaupt an Tüchtigkeit dem süddeutschen nach). Vergl. v. d. Goltz a. a. O. Seite 58 folgde.

Das kirchliche Leben hat unter dieser socialen Umgestaltung zunächst eine gewisse Schädigung erlitten. Manche Bauernfamilie ist durch Wohlleben der Kirche fremd geworden und ihr vorher nur gewohnheitsmäßiges Christenthum hat sich als faul erwiesen. Auch von den Drescherfamilien sind nicht wenige im Stande von freien Arbeitern der Kirche fremd geworden. Indeß müssen wir der Wahrheit die Ehre geben und anerkennen, daß auch unter den neuen socialen Verhältnissen die sonst ernst gesinnten Familien und Gemeinden dem kirchlichen Leben treu geblieben sind und die Opferwilligkeit für Zwecke der Menschenliebe und des Reiches Gottes sichtlich zugenommen hat. Wenn die früher von den Bauern alle 8 oder 14 Tage zur Kirche und 2 bis 3 mal im Jahr zum heiligen Abendmahl geschickten Leute jetzt aus eignem inneren Triebe, wenn auch nur alle 3—4 Wochen zur Predigt und nur einmal jährlich zum heiligen Abendmahl kommen, so haben sie jedenfalls in dieser Prüfungszeit die Lust und Liebe zu Gottes Wort und Sakrament sich bewahrt. Denn das seltene Kirchgehen findet seine Erklärung und zum Theil auch seine Entschuldigung in den veränderten Arbeitsverhältnissen. Zum ersten wird in Fabrikgegenden dem ländlichen Arbeiter im Sommer und im Winter viel schärfere Tagearbeit zugemuthet als in rein ackerbauenden, und sind die Leute dadurch für den Sonntag vielmehr abgearbeitet und ermattet; zum andern tritt im Winter die Nachtarbeit in den Fabriken hinzu, und wer vom Sonnabend Abend bis Sonntag früh in der Fabrik arbeitete, kann nicht am folgenden Sonntag Vormittag zur Predigt kommen.

Es fragt sich nun: Was ist zu thun, damit sich die ländliche Arbeiterbevölkerung in die neuen Verhältnisse ohne Schädigung hineinfinde? und wie ist die derselben drohende Verführung durch die Socialdemokratie abzuwenden?

Voran sind die Arbeiter selber und ihre Herren zu mahnen, daß sie mit doppelter Treue und Gewissenhaftigkeit in den jetzt so erregten Zeiten ihre Pflicht thun. Hier verweisen wir auf die bereits im ersten Theile im allgemeinen angegebenen Pflichten der unverheiratheten Arbeiter, der Väter und Mütter im Arbeiterstande, der Arbeitgeber. Die Lust zum Sparen nimmt offenbar im Arbeiterstande zu, seitdem er sieht, daß er es dadurch zum Eigenthum bringen kann und eigentlich sollte in jedem größeren Dorfe eine eigne Sparkasse oder eine Filiale der Kreissparkasse sein. Die Sparkasse des Kreises Wolmirstedt, zu dem außer der kleinen, Ackerbau treibenden, Kreisstadt nur Dörfer gehören, hatte am Jahresschluß 1871 einen Bestand von 252,269 Thaler 25 Sgr. 1 Pf. Davon waren im Jahre 1871 eingelegt 28,361 Thaler 28 Sgr. 10 Pf. Theilhaber daran waren 1871 zu Ende 2627 Personen, von denen 172 im Jahre 1871 beigetreten waren. Thatsächlich gehört ein großer Theil der Sparenden dem Arbeiterstande an. In einem Dorfe dieses Kreises machten im Jahre 1872 154 Gemeindeglieder eine Einlage von 6232 Thaler 27 Sgr. 6 Pf. und gut die Hälfte derselben gehörte dem Arbeiterstande an. In der ganzen Provinz Sachsen bestehen jetzt angeblich 70 Sparkassen; im

Jahre 1839 waren es 15. Unter den sparsamen jungen Arbeitern ist auch am ersten Interesse für **Fortbildungs- und Jünglingsvereinswesen** zu finden und ist beides für die gesellschaftlichen Verhältnisse der Dorfgemeinden von wachsender Bedeutung. Nachdem die alten Zucht haltenden Knechte-Innungen eingegangen sind, bilden sich darin Anfänge zu neuen socialen Gestaltungen. Aber nicht bloß die Jugend, sondern auch die Hausväter des ländlichen Arbeiterstandes werden auf das **Vereinswesen** immer mehr ihre Aufmerksamkeit lenken müssen. Es empfiehlt sich für sie das Mobiliar gegen **Feuersgefahr** zu versichern. In Mecklenburg versichern die Dienstleute ihr Mobiliar meist mit 400 bis 500 Thaler. Die Mehrzahl der Arbeiter aber würde schon mit 250 Thalern die bewegliche Habe genügend versichert haben und dafür etwa 1 Thaler 7 Sgr. 6 Pf. jährlich zahlen. Goltz a. a. O. Seite 22 und 144. Auch **Alterskassen** empfehlen sich sehr für den Arbeiter, da mit seiner beginnenden Arbeitsunfähigkeit gewöhnlich die Noth eintritt. Es ist aber wichtig, daß im Arbeiter der Trieb nach Selbsthilfe lebendig erweckt werde, so daß er im Alter von dem ehrlich und sauer Ersparten leben kann und nicht mit Verlust seines Ehrgefühls und rechten Stolzes als Gemeinde-Armer ernährt werden müsse. Die Gesellschaft „**Friedrich-Wilhelm**" in Berlin sucht die Arbeiter für ihre Alterversorgungs- und Sterbekasse zu gewinnen. Wer mit seinem 60. Jahre als Invalide 100 Thlr. (500 Thlr.) erhalten will, zahlt vom 25. Lebensjahre an jährlich 2 Thlr. 10 Sgr. 6 Pf. (11 Thlr. 22 Sgr. 6 Pf.). Wer bei seinem Todesfall den Seinigen 100 Thaler hinterlassen will, zahlt von seinem 25. Lebensjahre an jährlich 1 Thaler 23 Sgr. v. d. Goltz a. a. O. Seite 163 flgd. In die Sterbekassen kaufen sich die Eheleute im Arbeiterstande zum Theil gern ein. Um Magdeburg ist z. B. die Neustädter Sterbekasse auf den Dörfern beliebt. Es gehören dazu in einem Dorfe 129 Personen. Sie zahlen jährlich à Person 1 Thaler und erhalten im Sterbefall 40 Thaler, bei 20jähr. Beitragszeit aber 50 Thaler.

Das neuere Genossenschaftswesen hat in den vom Fabrikwesen beeinflußten Dörfern bereits Eingang gefunden und zeigt sich darin eine zunehmende geistige Regsamkeit und beginnende Selbsthilfe und Selbstständigkeit. Schönberg sagt: „Die genossenschaftliche Unternehmung ist nicht nur für die gewerbliche Arbeit die formelle Lösung des socialen Problems; sie ist auch für unsere Landwirthschaft von der gleichen fundamentalen Bedeutung." Vgl. Birnbaum, das Genossenschaftsprincip in Anwendung und Anwendbarkeit in der Landwirthschaft. Leipzig 1870. Seite 10. 4. 50. 55. Als Zweck und Wirkung des ländlichen Genossenschaftswesens giebt v. d. Goltz an: „Die Beseitigung der Macht des Capitals und das Bestehen des Concurrenzkampfes, die Verbesserung der materiellen Lage, das gegenseitige Streben nach tadelloser Wirthschaftsführung durch die gegenseitige Controlle, die Erweckung des Ehrgeizes und der Ausschluß aus der Genossenschaft bei Fahrlässigkeit, die Durchführung rationeller

Cultur auch auf kleinstem Besitz, die Möglichkeit von dessen Erhaltung, die Steigerung der Production bis annähernd zum möglichen Maximum, die Hebung des Arbeiterstandes und die des Nationalwohlstandes, die Verringerung der Gefahren durch Mißernten, die Verhinderung der Bildung eines landwirthschaftlichen Proletariats, die Wirkung auf die Intelligenz der landwirthschaftlichen Bevölkerung, die Erweckung des Nachdenkens und die Nothwendigkeit des genauen Rechnens; dazu als sittlichen Gewinn: Einheit des Willens und der Gesinnung, Entsagung und Selbstverläugnung (unter Hinweis auf die fast unglaublichen Beispiele von Entsagung bei den englischen und französischen Arbeitern), Charakterfestigkeit, Ordnung, Sparsamkeit, Mäßigkeit — endlich große Reellität und Rechtlichkeit im geschäftlichen Verkehr." Annalen der königl. preuß. Landwirthschaft 1863. Seite 61. Mit Recht ermahnt Birnbaum die landwirthschaftlichen Vereine, nicht nur technische, sondern auch sociale und ethische Fragen in ihre Berathung zu ziehen. A. a. O. Seite 63. Und Becher (Arbeiterfrage, Wien 1868) sagt: „Der Genossenschaftsbewegung dürfen sich die gebildeten und besitzenden Klassen nirgends, auf dem Lande aber am allerwenigsten die Herren Geistlichen, entziehen, da es sich um die Lösung der socialen Frage handelt und dieses Ziel nur durch das Zusammenwirken aller Kräfte zu erreichen ist." Vgl. Birnbaum a. a. O. Seite 58. Dem Mistrauen vieler Landwirthe gegen dies Genossenschaftswesen, insonderheit unter den Arbeitern, als hieße dies „einen schlummernden Riesen wecken", begegnet Thär mit dem Worte, daß der Riese schon geweckt sei, daß man deshalb um so mehr die Verpflichtung habe, den etwa drohenden Uebelständen vorzubeugen. Hinsichtlich der Arbeiter werde man um so eher eine compacte und gute Majorität eines Tagelöhnerstandes gewinnen, je mehr man der mächtigen Coalition vorbeuge. Birnbaum a. a. O. Seite 62.

Ein großer Gewinn des Genossenschaftswesens besteht im Kampf desselben gegen das Laster der Trunkenheit. Denn in vielen Statuten ist vorgesehen, daß Trinker nicht aufgenommen und nicht in der Genossenschaft geduldet werden sollen. Eine solche Zucht der Vereins- und Standesgenossen wirkt aber mehr als die Enthaltsamkeits- oder gar Mäßigkeitsvereine. Möchte aber auch der Staat den Kampf gegen den verderblichen Branntweingenuß unterstützen durch gute Gesetze und Anordnungen; die wenig beschränkte Erlaubniß zur Errichtung kleiner Schankstätten erweiset sich vieler Orten als ein großes Uebel. Der Consum an Branntwein ist immer noch zum Erschrecken groß. Nach Angabe des wiederholt genannten Jahrbuchs für die amtliche Statistik 2c. waren 1867 in unserer Provinz bei 1,929,969 Einwohnern 134 Branntwein-Brennereien in den Städten und 257 auf dem Lande im Betrieb. Nur 82 Brennereien verabeiteten Korn, 286 dagegen Kartoffeln. Verbrannt wurden 1867: 636,952 Scheffel Getreide und 2,809,163 Scheffel Kartoffeln. Wo der Branntwein nicht mehr für anständig gilt, aber Völlerei und trunkenes Wesen zu finden ist, halten sich die Leute neuerdings an das viel verfälschte **bairische Bier**, und vergeuden darin Geld, Gesundheit, Zeit und Verstand.

Wichtige Aufgaben sind jetziger Zeit der **evangelischen Kirche** in Bezug auf die ländliche Arbeiterbevölkerung gestellt. Der Pastor rege die Gründung einer **Klein=Kinderschule** an, wo die Arbeitsverhältnisse es nöthig machen. Er meine es recht treu mit der **Schule** — dadurch gewinnt er am schnellsten das Herz der Gemeinde und der Lehrer. Er unterrichte im Nothfall selber und lasse den Unterricht nicht ohne wirkliche Noth ganz ausfallen. Für den Näh= und **Strickunterricht** wird er die Gemeinde, insonderheit die Mütter, ohne große Mühe gewinnen können. Er habe acht, ob unter den Confirmanden sich zum Lehramt geeignete Knaben finden und suche sie und die Eltern dafür zu gewinnen. Der **Mangel an Lehrern** ist ja zum unabsehbaren Schaden der gesammten Volkserziehung jetzt so sehr groß. Im Jahre 1871 waren in Preußen 1069 Lehrerstellen garnicht und 1792 mit unfähigen Personen besetzt. Vgl. Verhandlungen des **Hallischen** Kirchentages 1872. Die Confirmanden bedürfen in jetziger Zeit besonderer Pflege und müssen sie reichlicher als früher in das Schriftverständniß und in die Gefahren und Versuchungen des ferneren Lebens eingeführt werden. Vielleicht könnten für das Letztere auch Confirmandenbücher dienlich sein, die für das Bedürfniß ganz bestimmter Lebensverhältnisse (städtische und ländliche, großer, mittlerer und kleiner Stand) geschrieben sind. Der

Pastor gebe sich rechte Mühe, die confirmirte Jugend für die Katechisationen am Altar zu gewinnen und festzuhalten. Er verscheuche die Confirmirten nicht, indem er mit ihnen wie mit Schulkindern Jahr aus Jahr ein nur den kleinen Katechismus Luthers durchspricht, vielleicht gar ohne die nöthige Vorbereitung. Er lese mit ihnen in der heil. Schrift, aber nicht nur die Evangelien und Episteln des Kirchenjahres, sondern er gebrauche die schöne Gelegenheit, die confirmirte Jugend in dem im Pfarrunterricht angebahnten Bibelverständniß weiter zu führen.

Vom gottesdienstlichen Leben ist bereits im ersten Theile geredet. Die Seelsorge aber ist in jetzigen Zeiten die Angel und das Netz, damit wir die der Kirche und dem christlichen Leben entfremdeten Seelen einzeln oder geschaart, meist nur mühsam, wieder gewinnen können. Um so mehr aber sei der Pfarrer hierin recht treu. Er gehe den Kranken und Nothleidenden nach, sorge nach Kräften für Linderung der leiblichen Noth und fasse, wenn das Dorf größer und reich an Arbeiterfamilien ist, die Berufung einer Dorf-Diaconissin nach den öffentlich mitgetheilten Rathschlägen Disselhofs ins Auge. Er befriedige die im Arbeiterstand sichtbar wachsende Leselust, indem er volksthümliche, gesunde Schriften darbietet; Tractate aber und andere einseitig erbauliche Schriften gebe er nur denen, die darum bitten. Wie für den Arbeiterstand Peters Arbeiterfamilie ein goldnes Buch ist, so für den mehr besitzenden, nachdenkenden Stand der Landwirthe die „Volkswirthschaft für Jedermann."

In den Sitzungen des Gemeinde-Kirchenraths hat der Pfarrer gute Gelegenheit, die Vertreter der Kirchengemeinde in die Gefahren der socialen Bewegung, in die an andern Orten in Anwendung gebrachten Mittel zur Abwehr der Gefahren einzuführen. Er bespreche mit ihnen z. B. **Lehmanns Werke der Liebe** oder Artikel aus der **Concordia** oder aus den **fliegenden Blättern** oder aus dem **Arbeiterfreund**. Und je mehr die Leute so ein Auge gewinnen für die Licht- und Schattenseiten des christlichen Familien-, Gemeinde- und Volkslebens, um so mehr werden sie willig werden für Liebesgaben zu Zwecken des Reiches Gottes, um so mehr werden sie das Gute und Schlechte am eignen Familien- und Gemeindeleben unterscheiden lernen. So werden die Kirchväter nachdenklicher und selbstständiger im Urtheil über kirchliche und sociale Verhältnisse, sie lernen an den Verhandlungen auch in den Kreissynoden lebhafter theilnehmen und in der Gemeinde in weitern Kreisen Interesse und Verständniß für kirchliche Dinge wecken. Ein solcher Gemeinde von Zeit zu Zeit vom Gemeindekirchenrath gegebenes gedrucktes Neujahrswort über die kirchlichen und sittlichen Verhältnisse der Gemeinde wird gewiß von heilsamer Wirkung sein. Die Kreissynoden sollten über Gegenstände verhandeln, die in das Verständniß der Gemeinden und ihrer Laien-Vertreter fallen, Bericht über ihre Thätigkeit an die Gemeinden erstatten, eine ständige Kolportage einrichten und andere heilsame Organisationen ins Auge fassen z. B. Anstellung von Diaconen und Diaconissen, Gründung von Präparanden-Anstalten u. dgl.

Wenn wir Pastoren uns in solcher oder ähnlicher Weise in der jetzigen ernsten Zeit thätig für das Gemeinwohl und insonderheit auch für den ländlichen Herren- und Arbeiterstand beweisen wollen, dann werden auch wir dazu beitragen, daß die Gefahr des Socialismus gnädig vorüber geht. Die Klagen der Berliner Conferenz ländlicher Arbeitgeber vom Jahre 1872 gegen uns sind noch in frischem Gedächtniß und wir werden wohlthun, als Antwort darauf nicht lange Vertheidigungen zu versuchen, sondern mehr als bisher unsere Schuldigkeit zu thun. Jene Mahnung aber lautet (§. 17): „Alle Bemühungen der ländlichen Arbeitgeber für das Wohl ihrer Arbeiter werden aber zu erheblichem Theil erfolglos bleiben, wenn sie nicht von Seiten der Geistlichen kräftig unterstützt werden. Bei vollster Anerkennung der segensreichen Wirksamkeit, welche zahlreiche Landgeistliche auf ihre Gemeinden üben, muß doch im allgemeinen der dringende Wunsch geltend gemacht werden, daß die Landgeistlichen weit mehr, als es bis dahin in der Regel der Fall ist, mit treuer Seelsorge und mit praktischem Beirath auch in Bezug auf die realen Verhältnisse der ländlichen Bevölkerung zur Seite stehen. Nur dadurch werden sie zum ländlichen Arbeiter die Vertrauensstellung gewinnen, die es ihnen ermöglicht, auf die gesammte Lebenshaltung derselben, auf ihr Familienleben und die Erziehung der Kinder den wohlthätigen Einfluß zu gewinnen, den allein der Geistliche zu üben im Stande ist. Auf diesem Wege wird auch die vielfach gelockerte Anhänglichkeit der ländlichen Arbeiter-Bevölkerung an die Kirche befestigt und gesichert werden."

3. Die städtischen Arbeiter, speciell die Fabrikarbeiter

sind vielfach in gleicher oder ähnlicher Lage wie die ländlichen Arbeiter und insoweit gilt das von letzren Gesagte auch hier. Aber das Stadtleben der jetzigen Zeit, besonders die Industrie, hat soviel Besonderes, daß sich neue Ordnungen, Nöte und Versuchungen für den städtischen Arbeiterstand herausstellen, die wir zu erkennen und abzustellen versuchen müssen.

Achten wir daher auf die Lage der **städtischen Handwerksgesellen und Fabrikarbeiter** und folgen darin beim Mangel eigner Erfahrung zuverlässigen Berichten Sachverständiger.

Das Volksleben in unsern Städten hat in unserm Jahrhundert eine große Veränderung erfahren, besonders durch die **Freizügigkeit, die Gewerbe- und Coalitionsfreiheit und das große Industriewesen.** Freizügigkeit zerstört engherziges Wesen und allerlei Selbstsucht, bringt auch durch Vermischung fremder Elemente neues Leben in die christliche Gesellschaft, stählt den menschlichen Charakter, und befördert allerlei Neubildungen. Aber wir dürfen darüber die mit ihr verbundenen Gefahren nicht übersehen. „Mit der Loslösung vom heimathlichen Boden fühlt sich der Auswanderer auch von der gesellschaftlichen Beaufsichtigung und Beurtheilung befreit und es lockern sich die religiösen und die moralischen Bande." Fliegende Blätter 1873. Seite 109. Schon erheben die Magistrate der größeren, an den Verkehrsstraßen gelegenen, Städte bittere Klagen über die Zuchtlosigkeit und moralische Verkommenheit eines großen Theils der Wanderbevölkerung, ganz abgesehen von der durch den plötzlichen Zuzug vieler Fremden hervorgerufenen Noth in den städtischen Wohnungsverhältnissen. Die **Wanderbevölkerung** ist vom Central-Ausschuß für die innere Mission c. seit längerer Zeit ins Auge gefaßt und mit Fürsorge nach Kräften bedacht; aber in unserer Provinz Sachsen scheint bisher außer der Gründung von **Herbergen zur Heimath** kaum Nennenswerthes für dieselbe gethan zu sein. Und doch liegt in dieser fluctuirenden Masse, die wie Meeresströmungen durch die mehr stabilen christlichen Gesellschaftsordnungen drängt, eine ungeheure Gefahr für die Revolutionirung und Zertrümmerung des gesammten Volkslebens. Allein an Eisenbahnarbeitern wurden nach dem wiederholt genannten **statistischen Jahrbuch** im Jahre 1867 in den 8 alten Provinzen Preußens täglich durchschnittlich 37,948 Mann beschäftigt. Die Frage liegt nahe: An wie viele oder vielmehr wie wenige unter diesen Tausenden ist durch unsere Treue Gottes Wort, der Ruf der suchenden Liebe, eine Mahnung an das einschlafende oder schon verwirrte Gewissen gekommen?

Die Gewerbefreiheit und das Coalitionsrecht hat das alte Innungswesen der Handwerker völlig aufgelöst. Aber wir dürfen nicht meinen, das neue Gesetz habe gute Sitten und Ordnungen niedergerissen und zerstört; vielmehr hat es die bereits durch eigne Mitschuld der Innungen und Handwerksmeister geschehene Zerstörung der alten Zunftordnung als Thatsache vorgefunden. S ch m o l l e r weiset in seiner Geschichte der deutschen Kleingewerbe darauf hin, daß es Thorheit sei, die alte Innungszeit der Handwerker als goldne Zeit zu preisen. Der Meister von ehedem trachtete nach Alleinherrschaft, er wollte die Käufer von sich abhängig erhalten, er erschwerte das Ansässigmachen, er verhinderte das Meisterwerden, er hielt eigennützig auf seine Gerechtsame und wollte die Kundschaft erblich sich und seinen Kindern hinterlassen. Die alten Meister drückten ihre Gehilfen zu Dienstboten hinunter und ließen die Lehrlinge besondere Kleidung als Zeichen der Unterthänigkeit tragen. Jene Meister hatten ein herrisches Wesen nach unten und ein knechtisches Bücken nach oben.

Und so sind wir denn jetzt in die Zeit allgemeiner Auflösung des Handwerkerstandes eingetreten. Die Meisterschaft hat in sich keinen Zusammenhalt und keinen moralischen Einfluß auf die Gesellenschaft; die Gesellenschaft führt in den S t r e i k e n fortgesetzte Kriege gegen die Meisterschaft und ist sich nur im Kämpfen einig; selbst die Lehrlinge wohnen häufig nicht mehr in des Meisters Familie schon wegen der Wohnungsverhältnisse, entlaufen ungestraft aus der Lehre und werden nicht mehr durch eine dereinst abzulegende Prüfung zum Eifer angespornt. Es gilt für den Handwerkerstand insonderheit das Wort von Dr.

Engel: „Der Atomisirung Einhalt zu thun, die Elemente der in unaufhaltsamer Auflösung begriffnen alten zwecklos gewordenen Verbände wieder zu sammeln und aufs Neue in zeitgemäße Formen zu binden, das ist eine der größten Aufgaben der Zeit."

Die moderne **Groß-Industrie** und die Lage der Fabrikarbeiter erfordert unsere besondere Aufmerksamkeit.

Seit der Mitte des 18. Jahrhunderts ist durch das neu aufgekommene **Maschinenwesen** und durch die damit verbundene **Theilung der Arbeit** eine gewaltige ökonomische und sociale Umwandlung der Gesellschaftsverhältnisse hervorgerufen. Handel und Verkehr sind mächtig gehoben und die wohlfeilere Herstellung der Lebensbedürfnisse hat das Wohlbefinden fast aller Stände gesteigert. Eine Maschine arbeitet nach deutschen Verhältnissen $2\frac{1}{2}$ mal billiger als Pferde, 36 mal billiger als Menschen. Während die Frauenhand in der Minute 24 Stiche macht, leistet die Nähmaschine 640. **Arkwrights** berühmte **Mule-Jenni** leistet bereits seit langer Zeit die Arbeit von 500 Spinnerinnen in einem Tage. Wenn ein einzelner Handwerker **ganze** Nadeln anfertigt, bringt er an einem Tage kaum 100 Stück zu Stande; bei Fabrikarbeit läuft eine Nadel durch die Hände von 20 Arbeitern und bei solcher Arbeitstheilung bringen sie täglich 96,000 Stück, also die Person 4800 Stück zu Stande. Daher hat „die Anwendung der Maschine das in der Industrie angelegte Capital in unsern Staaten ungeheuer vermehrt, so daß man hinter der Wahrheit zurückbleiben wird, wenn man es auf 6 mal größer schätzt als vor einem Jahrhundert, und wirklich sind auch in den Gewerken, trotz Einführung der Maschinen, jetzt bedeutend mehr Arbeiter beschäftigt als vor derselben." Volkswirthschaft für Jedermann. Seite 157.

Die Maschine nimmt dem Menschen das rein Mechanische mehr und mehr ab und vergeistigt die Menschenarbeit. Darum werden aber auch immer höhere Anforderungen an die technische, geistige und moralische Ausbildung selbst des schlichten Arbeiters gestellt und zugleich sein Lohn gesteigert.

Diesen offenbaren durch das Fabrikwesen gemachten Culturfortschritten der Menschheit treten aber allerlei Anklagen wider die Industrie entgegen, wonach sie die socialen und sittlichen Ordnungen schwer schädigen, ja zum Theil zerstören soll. Wir wollen diese Anklagen anhören und zu beurtheilen versuchen.

a. **Die Industrie befördert die Massenarmuth (Pauperismus).** Dagegen sagt der gottesfürchtige Schweizer Raths- und Fabrikherr K. Sarasin in Gelzers protest. Monatsblättern 1869. Seite 107: „Im allgemeinen ernährt der Fabrikarbeiter sich besser als der ländliche; denn in Fabrikgegenden ist mehr Nahrung als in blos ackerbauenden. Die Nothstände in der Fabrikbevölkerung kommen von besonderen anomalen Ursachen z. B. Geschäftsstockungen, Epidemien, Theurung des Lebensbedarfs, persönliche Unfälle, Mangel an sittlicher und beruflicher Bildung und Charakterstärke". Und der sachkundige, menschenfreundliche Komers sagt im seinem „Abriß der Nationalökonomie", Prag 1868. Seite 48: „Der der Entwickelung der Manufaktur-Industrie häufig gemachte Vorwurf, daß sie den Pauperismus hervorrufe, der in reinen Agriculturländern nicht vorkomme, ist, vom Gesichtspunkt der gesunden Volkswirthschaft beurtheilt, im Allgemeinen keineswegs begründet" — und Seite 49: „die ärmsten Länder sind diejenigen, in denen vorzugsweise Landbau betrieben wird und dessen Aufschwung nicht zu einer blühenden Manufactur-Industrie veranlaßt. In England sind, nach den Verzeichnungen für die Armentaxe, in den Manufacturbezirken die wenigsten Armen."

Wenn aber durch neue Erfindungen menschliche Arbeitskräfte an einer Stelle augenblicklich überflüssig werden, so finden sie erfahrungsmäßig an anderer Stelle leicht wieder Beschäftigung und zwar um so lohnendere, je mehr der Mann Nachdenken, Geschicklichkeit und Gewissenhaftigkeit beweist.

b. **Die Fabrikindustrie hebt den Mittelstand auf und verschärft den Gegensatz von Reich und Arm.** Darauf antwortet Professor Böchmert (Socialismus und Arbeiterfrage, Zürich 1872, Seite 146 flgd.), es sei dies ein Volksirrthum; vielmehr nehme das Proletariat ab und der Mittelstand zu. Die Industrie rufe ja so viele ganz neue Berufskreise ins Leben und gebe vielen Handwerken, wenn sie den steigenden Anforderungen nur zu genügen wüßten, vermehrte Arbeit. Uebrigens sei es statistisch erwiesen, daß auch der

Handwerkerstand sich vermehre; man brauche nur an seine Ausbreitung über die Dörfer denken, was früher fast ganz unerhört gewesen sei.

Daß die Industrie den Gegensatz von Reichen und Armen, Glücklichen und Unglücklichen verschärfe, ist nur zum Theil wahr. Wer nach dem Schein urtheilt, hält jeden Fabrikanten für reich und glücklich, jeden Arbeiter für arm und unglücklich. Aber er weiß nicht oder vergißt, wie viel arme Fabrikanten wir haben, die beim Unternehmen ihr Vermögen ganz oder zum Theil zusetzen und zugesetzt haben. Nach der von Gobard aufgestellten Berechnung gehen von 100 versuchten oder angefangenen gewerblichen Unternehmungen 20 zu Grunde, bevor sie irgend Wurzel gefaßt haben, 50—60 vegetiren längere oder kürzere Zeit in beständiger Gefahr des Untergangs, und höchstens 10 gelangen zu bedeutender, oft nicht einmal dauernder Blüthe. Concordia 1873 Seite 75. Wer aber den Fabrikanten kurzweg für glücklicher hält als den Fabrikarbeiter, irret doch sehr. Auf dem Herrn ruht die ganze Gefahr und Verantwortung, alles Risiko des Geschäfts. Während der Arbeiter daheim bei Weib und Kind in Frieden ist und bei Nacht seinen gesunden Schlaf hat, grübelt und martert der Fabrikherr sich innerlich ab mit seinem Geschäft. Riehl, der große Menschenkenner, sagt: „Allein der mechanische Arbeiter, der seinen Fleiß genau nach Stunden messen kann, also einen viel genauern Maßstab seines Fleißes gegenüber dem Fleiß des Geistesarbeiters besitzt, hat dafür ein unschätzbares Behagen voraus: den echten Feierabend und die echten Feiertage.

Für den eigentlich schöpferischen Mann dagegen giebt es keinen Feierabend". Deutsche Arbeit, Seite 123.

Uebrigens sind „geschwinde Fündlein" beim Fabrikwesen nicht so häufig wie mancher denkt. Durchschnittlich rechnet K. Sarasin bei einfachen und sichern Produkten nur 3—4 Procent jährlichen Gewinn. A. a. O. Seite 128. Für den Arbeitstag aber berechnet sich der Fabrikant von jedem Arbeiter, wie der Maurer- und Zimmermeister seinen Meistergroschen, so nur etwa 1 bis 2 Silbergroschen. Volkswirthschaft für Jedermann Seite 168. Das ist wahrlich nicht zu hoher Lohn für das Anlagekapital, die Leitung, das Risiko u. a. m. Das Beste muß die Sparsamkeit und Ordnung im ganzen Haushalt thun.

c. **Die Fabrikindustrie verkürzt der Arbeiterbevölkerung ihr Leben.** Hierauf ist zu antworten, daß zwar menschenfreundliche Industrielle zur Gesundheitspflege und Lebenserhaltung ihrer Arbeiterfamilien in dankenswerther Weise beigetragen haben, daß aber im großen Ganzen nach Dr. Engels Zeugniß das herrschende System „ein Verbrauch von Menschen zu Gunsten des Kapitals" ist. „In einer englischen Fabrikstadt betrug die mittlere Lebensdauer vor dem Aufkommen der Fabriken $31^2/_3$ Jahre, nach Einführung der Fabrikarbeit ist sie auf $19^1/_2$ Jahre herab gesunken." Ketteler Arbeiterfrage und Christenthum, Seite 99. In diesem Punkte bedarf es gewiß neuer den Arbeiterstand schützender Gesetze. Außerdem soll die Kirche ihren Appell an die Gewissen der Fabrikherrn laut er-

schallen lassen, und die ganze Gesinnung und Denk=
art der begüterten Stände soll mehr und mehr ein
solches Sündigen am 5. Gebot unmöglich machen.

d. **Die Industrie hat durch Ansamm=
lung großer Menschenmassen die Moralität
geschädigt und die ganze sociale Noth ver=
schuldet.** Es liegt im Gange der Menschheitsent=
wickelung, daß die Verhältnisse mehr und mehr einen
großartigen, massenhaften Charakter annehmen. Die
Kriege vor Jahrhunderten waren Schlägereien im
Vergleich zu den heutigen; die kleinen Staaten ver=
einigen sich zu großen, oft riesenhaften Staatskörpern.
So ist aus der Hausindustrie die Fabrikindustrie ge=
worden und die Einzelarbeiter sind vereinigt zu
organisirten Arbeitercompagnien. Mit solcher Ver=
einigung treten nun auch die bis dahin mehr ver=
borgnen, aber auch vorhandenen, guten und bösen
Kräfte der Menschennatur in größerm Maßstabe zu
Tage. Darum ist es eine Thorheit, bei größer wer=
denden Verhältnissen nur von zunehmender S ch l e ch =
t i g k e i t reden zu wollen. „Die Elbe sieht oben in
Böhmen an der Quelle auch viel reiner aus und
strömt mit lebhaftern Wellen als drunten bei Ham=
burg. Allein dort treibt sie nur ein Paar einzelne
Mühlen, hier trägt sie den großen Welthandel".
Peter, Arbeiterfamilie Seite 83. Es kommt darauf
an, daß bei wachsenden Gefahren und Versuchungen
auch die Vorsicht, Treue, Gewissenhaftigkeit, Zucht
und Ordnung wachse. War nicht die Zucht in der
großen Deutschen Armee 1870 und 1871 besser als
in den kleinen Banden des 30 jährigen Krieges?

sind nicht in Metz' Fabrik in Freiburg im Breisgau die tausend Arbeiterinnen sittlich besser behütet als bei der Feldarbeit? sind nicht die sittlichen und socialen Verhältnisse im industriellen Rheinland und Westphalen günstiger als im ackerbauenden Ostpreußen und Mecklenburg? Gewiß, die socialen Verhältnisse der Neuzeit und die ganze ethisch=sociale Frage ist durch die Industrie mit= (nicht allein) hervorgerufen — aber ist das an sich etwas Böses? Sind der Mensch= und Christenheit nicht vielmehr neue, größere Aufgaben damit gegeben, an denen sie ihre geistigen, sittlichen, religiösen Kräfte prüfen und stärken soll? Darum seien nur die Arbeiterwelt, die Fabrikherrn, die begüterte Gesellschaft, die Schulen, die Kirche, der Staat doppelt eifrig ihre Pflicht, und Schuldig= keit zuthun; dann wird Gott es in den neuen, groß= artigern Verhältnissen auch nicht an neuem, groß= artigerm Segen fehlen lassen! —

Haben die eben angehörten Anklagen gegen die gesammte Industrie einen mehr theoretischen, national= ökonomischen Charakter, so gewinnen dieselben im Munde der Arbeiter gegen ihre Arbeitgeber einen praktischen, kriegerischen Ausdruck und gestalten sich zu bestimmt formulirten Forderungen, die den Herrn als Ultimatum vor dem Ausbruch des lokalen oder allgemeinen Streiks gestellt werden. Die Fabrik= arbeiter sind durch ihre größere geistige Rührigkeit und strammere Disciplin die Anfänger des Kampfes geworden, die Handwerksgesellschaften aber sind ihnen treulich gefolgt und jetzt stehen beide, im Feld= zugsplan und im Ziel desselben vereinigt, im ge=

meinsamen Kampfe gegen die „Uebermacht des Kapitals", wie sie es nennen.

Hören wir ihre Forderungen an und prüfen sie.

a. Erhöhung des Arbeitslohnes. Diese Forderung wird begründet durch das Sinken des Geldwerthes, das Steigen der Preise für Wohnung und Lebensunterhalt, die zunehmende Höhe des Unternehmergewinnes u. b. gl. und ist vielfach berechtigt. Darum handeln diejenigen Herren klug und weise, welche unaufgefordert und freiwillig den Lohn erhöhen, soweit es das Geschäft erlauben will. Entweder werden sie dann mit einem geringern Kapital= und Unternehmergewinn sich begnügen müssen, oder sie steigern die Preise ihrer Producte, sodaß entweder die Capitalisten oder das ganze consumirende Publicum die Kosten der Lohnerhöhung tragen.

Es giebt aber eine Gränze, über die hinaus der Fabrikant den Lohn nicht erhöhen kann, wenn er das Geschäft nicht ruiniren will. Bestehen die Arbeiter gleichwohl auf Erhöhung des Lohnes, so geht das Geschäft ein und das Kapital zieht in andere Gegenden, wo der Arbeitslohn wohlfeiler ist. Darunter aber leiden oft Hunderte und Tausende von Familien, ja ganze Gegenden versinken in Verarmung.

Der natürliche Maßstab für die Höhe des Arbeitslohnes in einer Gegend ist der Preis der Lebensmittel und rechnet man auf eine Arbeiterfamilie von 5 Personen (3 Kinder) 100 Scheffel Roggen altes Maß. Doch sind nach genauer Berechnung in den letzten 20—30 Jahren die Arbeitslöhne viel mehr gestiegen als die Preise der Lebensmittel, sodaß dem spar=

samen Arbeiter Geld übrig bleibt zur besseren Erziehung seiner Kinder, zur Kranken- und Altersversorgungskasse, für Freuden des Lebens, für geistige Bedürfnisse (Zeitung, Kalender u. d. gl.). Vgl. v. d. Goltz ländl. Arbeiterfrage Seite 85.

Ein ungebührliches Drängen auf Erhöhung in einem Erwerbszweig ist auf die Dauer ohne Nutzen. Denn „die Löhne der verschiednen Arbeitszweige stehen beständig im Gleichgewicht" (Schmoller) oder gleichen sich doch nach Schwankungen stets wieder aus.

b. **Aufhören der Sonntags- und Nachtarbeit, Beschränkung der Arbeitszeit an den Wochentagen.** Die Forderung der Sonntagsruhe als einer Ordnung Gottes ist klar und vollständig berechtigt; die Schwierigkeiten aber zeigen sich erst, wenn in den einzelnen Lebensverhältnissen damit Ernst gemacht werden soll. Auch unter ernsten Christen ist Verschiedenheit der Meinung darüber, was als ungerechtfertigte Sonntagsarbeit, was als Notharbeit, was als erlaubte Beschäftigung anzusehen sei. Verhandlungen der Berliner Conferenz ländlicher Arbeitgeber Seite 42 flgd. Darum reicht es nicht aus, die allgemeine Forderung zu stellen, daß am Sonntag nicht gearbeitet werde, sondern menschenfreundliche und gottesfürchtige Männer des Groß- und Kleinbetriebs müssen gewonnen werden, selbst unter materiellen Opfern praktisch zu beweisen, wie die leidige Sonntagsarbeit zu beseitigen ist. Dann wird für die Arbeiter ein beßrer Schutz gefunden sein als der werthlose in §. 105 der norddeutschen Gewerbeordnung („Zum Arbeiten an Sonn- und Festtagen ist, vorbehaltlich der anderweitigen Vereinbarung in Dringlichkeitsfällen, **niemand verpflichtet**"), nämlich in der Gewissenhaftigkeit der Arbeitgeber und in der öffentlichen Meinung der christlichen Gesellschaft, welche alle Gewissenlosigkeit an den Pranger stellen und überwinden wird. Vor allem sollte der Staat als größter Industrieller auf seinen Eisenbahnen und in seinen sonstigen Unternehmungen sich der peinlichsten Gewissenhaftigkeit befleißigen und mehr durch Vorbild und Beispiel als durch Gesetz und Polizei wirken wollen. Dann wird er helfen die Gefahr der Socialdemokratie überwinden, während letztere jetzt den Staat und die Industrie als Sonntagsdiebe an Gesundheit und Leben der Armen anklagt.

Die **Nachtarbeit** ist gewiß vielmehr zu vermeiden, als es geschieht. Fordern doch bereits humane Fabrikanten in der „Concordia" laut das Verbot **aller** Nachtarbeit. Die Möglichkeit der Durchführung ist in den einzelnen Fabrikzweigen praktisch zu erweisen.

Die **Beschränkung der Arbeitszeit** ist gegen früher z. B. beim Ackerbau schon in erheblichem Grade eingetreten und nach dem Zeugniß Sachverständiger leistet ein ländlicher Arbeiter um Magdeburg bei 12 täglichen Arbeitsstunden in der Erntezeit mehr als sein Kamerad in Ostpreußen bei 15 Arbeitsstunden. Für den Ackerbau nimmt v. d. Goltz 11 Arbeitsstunden im Sommer als das Richtigste an a. a. O. Seite 131. Auch für die Handwerke und Fabriken ist angeblich eine Verkürzung der Arbeitszeit vielfach berechtigt. Wagner sagt (Berliner Octoberversammlung Seite 156: „Daß eine mäßige Verminderung der Arbeitsstunden die Arbeitsleistung nicht immer mindert, mitunter selbst vermehrt, hat die Erfahrung schon mehrfach gezeigt" — und: „Rechtzeitige und bereitwillige Nachgiebigkeit ist gewiß gerade in diesem Punkte auch das Klügste." Eine für alle Gewerke gleichmäßig gültige Zahl täglicher Arbeitsstunden (Normalarbeitstag) durch das Gesetz zu bestimmen, ist nach dem Urtheil vieler Sachverständigen nicht möglich und auch nicht wünschenswerth, da die Arten der Arbeiten so sehr verschieden sind (vgl. gesundheitsgefährliche Arbeit in chemischen Fabriken und gesunde Feldarbeit u. dgl.), und das Verkehrsleben selber erfahrungsmäßig die Arbeitszeit auf das rechte Maaß zurückführt.

Fordern die Arbeiter in einer Gegend unverständige Abkürzung der Arbeitszeit, und können die Herren nicht durchdringen mit ihrem Widerspruch, so geht ein solcher Industriezweig in der betreffenden Gegend ein und der Arbeiterstand straft sich selber.

Wird die Arbeitszeit beschränkt, so ist die Erhöhung des Lohnes die natürliche Folge; denn die ausfallende Arbeitszeit muß durch neue Arbeiter und höheres Angebot von Lohn ersetzt werden.

Wenn der Arbeiter die gewonnenen Freistunden mißbraucht zum Wirthshausleben u. dgl., so wird ihm die neue Freiheit zum Fallstrick und zum Unheil; benutzt er sie aber zur Hebung der eigenen

Wirthschaft und Häuslichkeit, zur Pflege des Familienlebens, zu geistiger Fortbildung, so ist ihm die Verkürzung der Arbeitszeit zum Segen.

c. **Beschränkung der Frauen- und Kinderarbeit.** Die englischen Fabrikanten haben sich im ersten Drittel dieses Jahrhunderts mit dem Verbrauch von Kindern zur Fabrikarbeit schwer versündigt. Nach amtlichem Zeugniß geschah es in England, daß 5jährige Kinder in den Handschuhfabriken nähten, 3jährige Knaben am Feuer kauerten, heiße Bügeleisen in der Hand, manche die versengten Fingerchen im Wasser kühlend, andere mit verbundenen Händchen, weil ihnen Finger aus dem Gelenk gegangen waren. Vgl. die haarsträubenden Berichte in: Ludlow und Jones, die arbeitenden Klassen Englands, deutsch von v. Holtzendorff, Berlin 1868. K. Marx, das Kapital, 2. Auflage, Hamburg 1872. Die deutsche Industrie hat sich, Gott sei Dank, solcher Gräuel nicht schuldig gemacht. Es wird auch in Deutschland nicht ein gänzliches Verbot aller Kinderarbeit gefordert, sondern nur eine Beschränkung mit Rücksicht auf die Gesundheit der Kinder. Sowie diese Forderung als berechtigt vom Staat anerkannt und durch Gesetze unterstützt wird, ebenso findet die Forderung, die Frauenarbeit mit Rücksicht auf das Haus- und Familienleben einzuschränken, mehr und mehr Anerkennung. Die Frau gehört ja auch zunächst ins Haus und zu den jungen Kindern; was sie an Zeit ohne Schädigung ihrer Frauen- und Mutterpflichten für angemessene Arbeit außer dem Hause erübrigen kann, mag sie gebrauchen, um die Einnahme der Familie zu vermehren. Dabei ist rühmend anzuerkennen, wie Fabrikherren aus eigenem Antriebe schonende Rücksicht beweisen für die Gesundheit ihrer Arbeiterinnen, ihre Pflege in der Schwangerschaft und in den 6 Wochen, für die Ausbildung und Erziehung der Arbeiterkinder. Die Frage, ob es der Einsetzung von Fabrikinspectoren zur Ueberwachung der Fabrikgesetzgebung auch behufs der Gesundheit der Arbeiterfamilien bedarf, ist eine technische und kümmert uns hier nicht.

d. Antheil am Reingewinn des Geschäftes. Bei jedem größeren Geschäfte wird unterschieden: der Tagelohn für die Arbeiter, die Zinsen des Kapitals und der Geschäftsgewinn, der nach dem Verkauf der Waare und dem Abzug des Arbeitslohnes und der Zinsen übrig bleibt. Der ländliche Arbeiter hat durch seine Naturallöhnung einen gewissen Antheil am Steigen und Fallen des Wirthschaftsertrages. Bei industriellen Unternehmungen tritt eine Theilnahme am Reingewinn zuweilen ein, wenn von der Tüchtigkeit und Gewissenhaftigkeit der Arbeiter der Fortgang des Geschäftes in empfindlicher Weise abhängt z. B. beim Bergwerk. Im allgemeinen haben die Fabrikanten eine natürliche Abneigung, den Reingewin ihres Geschäftes zu verlautbaren und ihren Arbeitern die Bücher vorzulegen. Wenn Wagner sagt (Berliner Oktoberversammlung 154): „Sollte das Princip der Oeffentlichkeit der Rechnungslegung einmal auch auf Privatgeschäfte ausgedehnt werden können, was nicht unmöglich ist und im höchsten Interesse der gerechten Besteuerung läge, so wäre ein e Hauptschwierigkeit (für die Betheiligung der Arbeiter am Reingewinn) gehoben" — so zweifelt man wohl billig, ob diese Oeffentlichkeit der Rechnungslegung zu erreichen sein wird. Rechtlich ist jedenfalls die Forderung des Arbeiters nicht zu begründen, denn bei jedem zweifelhaften Unternehmen fällt der etwaige Gewinn dem zu, der das Risiko trägt, und auch bei Produktivgenossenschaften schließen die Arbeiter = Unternehmer die nicht mit Einlagen, sondern nur mit ihrer Arbeitskraft betheiligten Kameraden vom Gewinn aus und geben ihnen bloß den bedungenen Lohn. Concordia 1873. Seite 105. Für wünschenswerth halten indeß viele die Betheiligung der Arbeiter am Reingewinn, so nämlich, daß ihnen beim Geschäftsabschluß ein bestimmter Antheil als Geschenk des Fabrikherrn zugewandt werde, ohne daß dieser die Bücher vorzulegen habe. Verständige Arbeiter würden dadurch zu sparsamem Verbrauch des Materials und zu treuem Fleiß getrieben werden; unruhige Gemüther aber würden sich zu stolz dünken, das als Geschenk anzunehmen, was sie als Recht fordern. Ein fortgesetztes Drängen der ungestümen Arbeiter würde viele Fabrikanten bestimmen, ihre Privatgeschäfte in Actien = Unternehmungen zu verwandeln und auch die Arbeiter zu Theilnehmern des Geschäfts zu machen. Aber es ist dies nicht wünschenswerth. Ein Fabrikherr hat zu den Arbeitern eine ganz andere Gewissensstellung als ein Inspector oder Director eines Actienunternehmens. Die Arbeiter sind auch selten im Stande, den wirklichen Umfang und Werth eines Geschäftes richtig zu taxiren; sie können das mit jedem Fabrikwesen verbundene Risiko schwerlich tragen und haben im allgemeinen noch nicht die nöthige geistige Ausbildung zur gedeihlichen Leitung und Fortführung eines Actien-Geschäftes. Auch Schulze-Delitzsch, der erfahrene Mann und Arbeiterfreund, warnt immer wieder vor eignen Industrie-Unternehmungen der Arbeiter (industrial partnerships) und die Arbeiter selber bezeigen bis jetzt wenig Neigung, sich in die unsichere Theilhaberschaft an Actien-Unternehmungen einzulassen. —

Dies sind die hauptsächlichsten Forderungen der vereinigten Handwerksgesellen und Fabrikarbeiter gegen ihre Herren. Man darf sagen, daß vieles davon schon bewilligt ist und anderes wohl noch wird bewilligt werden. Andere Forderungen sind unerfüllbar z. B. ist ein fortgesetztes Steigern des Arbeitslohnes eine Schraube ohne Ende, wenn nicht die Vernunft bei den Arbeitern erwacht und sie gewissenhaft zu haltende Gegenleistungen übernehmen. Aber jetzt regiert leider noch mehr der Unverstand als der Verstand; bald ist die Unvernunft bei den Arbeitern, bald bei den Herren und Meistern. Seit Jahren leben wir in einem, wenn auch unblutigen, doch fortgesetzten socialen Kriege, und je mehr die revolutionären Socialdemokraten die Leitung der Bewegung gewinnen, um so gefährlicher wird die zunächst nur die Arbeitgeber und Arbeitnehmer angehende Lohnfrage für den Frieden der ganzen christlichen Gesellschaft. Darum fragen wir jetzt weiter:

Was ist von Seiten der Arbeiter und Herren, der ganzen Gesellschaft, der Kirche und des Staates zur Abwehr der den öffentlichen Frieden bedrohenden Arbeiterbewegung in den Städten zu thun?

a. Weise und humane Fabrikanten haben die große Gefahr ihrer Lage erkannt und seit Jahren im einzelnen allerlei Abhilfe der Mißstände oft mit großen Opfern gesucht und gefunden. Seit dem Jahre 1870 sind sie zur "**Bonner Conferenz für die Arbeiterfrage**" zusammengetreten und haben in der "**Concordia**" sich ein eignes Organ begründet. Sie wollen sich nicht zum Schutz **wider** die Arbeiter verbinden, sondern zur Fürsorge **für** dieselben. Ihr Grundsatz ist, daß die Arbeiterfrage durch christliche Gesinnung gelöst werden muß, und daß die Herren darin den Arbeitern vorbildlich vorangehen sollen. In ihrem Programm von 31. Januar 1870 heißt es: "Der Arbeiter darf uns nicht als die lebendige Maschine gelten, die uns zum Nutzen geschaffen ist und von dem Arbeitgeber nothdürftig im Stande gehalten werden muß, um für ihn arbeiten zu können, bis sie bei Seite geworfen wird, wenn sie ausgenutzt ist; sondern die Arbeiter sind **unsre Brüder**, mit uns zu den gleichen sittlichen Lebenszielen berufen, und was uns mit ihnen und sie mit uns verbindet, soll nichts Geringeres sein als ein **gegenseitiges Dienen**. Unsere Verpflichtung gegen sie ist daher nicht erschöpft mit der Lohnzahlung, auch nicht mit hoher. Vielmehr ist es unsere

Aufgabe, ihnen zu denjenigen Gütern zu verhelfen, welche ihr äußeres wie ihr geistiges Wohl verbürgen."

Zu wesentlich gleichen Zielen haben sich in Süddeutschland und in der Schweiz Vereinigungen von Fabrikanten gebildet, die Nationalökonomen aber haben die brennenden Zeitfragen erörtern und sich und den Fabrikanten und Arbeitern das Gewissen schärfen wollen in den "Eisenacher Verhandlungen zur Besprechung der socialen Frage am 6. und 7. Oktober 1872.

b. Die Menge der Arbeitgeber im Handwerker- und Fabrikantenstande, welche für die Erfüllung sittlicher Pflichten gegen die Arbeiter noch kein Ohr und Verständniß hat, wird durch die Noth jedenfalls dahin gedrängt werden, des gegenseitigen Brodneides und Eigennutzes zu vergessen und Einigkeit gegen die Arbeiterschaft zu suchen. Bereits sind Anfänge gemacht, die Meisterschaft eines Gewerkes zu einigen und für gemeinsame Maßregeln gegen die Gesellen zu gewinnen. Bis jetzt steht es damit freilich noch kläglich. Es könnten solche festen Vereinigungen der Anlaß zur Bildung neuer Genossenschaften werden und den Herren Macht geben, durch allerlei gemeinsam befolgte Grundsätze auf die Gesellen und Lehrlinge wirksamer als bisher Einfluß zu üben. Freilich das letzte Mittel zur Besserung der gegenseitigen Lage ruht in der rechten Gesinnung.

c. In England finden die Gewerkvereine mit ihren Schiedsgerichten und Einigungsämtern starken Anklang bei der Arbeiterbevölkerung und angeblich gehört von den etwa 5 Millionen Arbeitern eine Million den Gewerkvereinen an. Concordia 1873. Seite 87. Sie bezwecken im Gegensatz zu den Socialdemokraten das revolutionäre, muthwillige Streiken zu hindern und ausbrechende Streitigkeiten durch friedliche Vereinbarung zwischen Arbeitgebern und Arbeitnehmern beizulegen. In Deutschland steht diese heilsame Bewegung noch in ihren ersten Anfängen; aber der Anfang ist gemacht, auch in unserer Provinz. Es gab im Jahre 1873 zu Anfang etwa 320 Ortsvereine in Deutschland mit etwa 21,000 Mitgliedern. Ihr Organ, der „Gewerkverein", hat jetzt über 9000 Abonnenten Concordia 1873. Seite 120 und 135. Im Jahre 1872 haben unter 250 deutschen Ortsvereinen kaum 10 sich bei einem Streik betheiligt. Concordia 1873. Seite 87. Bedenklich ist manchem die durch die Gewerkvereine begründete Klassen=Organisation der Arbeiter und der Arbeitgeber statt einer Vereinigung aller Mitglieder eines Gewerkes. Außerdem haftet den Gewerkvereinen eine nicht zur Sache gehörige Vorliebe für die politische Fortschrittspartei und eine Gleichgültigkeit, ja Abneigung gegen die christliche Kirche und ihre Ordnungen an.

d. Ein großes Verdienst um den Arbeiterstand hat sich unser Landsmann Schulze=Delitzsch erworben durch das von ihm ausgesprochene und durchgeführte Princip der Selbsthilfe und wollen wie uns in der Anerkennung seines Verdienstes nicht dadurch stören lassen, daß er angeblich nicht „kirchlich" gesinnt ist. Jedenfalls ist er ein sittlicher Charakter und seine gelegentliche Auslegung des Vater Unser zeigt, daß in ihm auch Gottesfurcht wohnt.

Das Genossenschaftswesen nach Schulzes Grundsätzen gehört recht eigentlich unserer Provinz an. Im Jahre 1848 gründete er die Kranken- und Sterbekasse zu Delitzsch mit dem Princip der Gleichberechtigung aller Theilnehmer und 1849 die erste Rohstoff-Association, die der Schuhmacher mit 57, die der Tischler mit 13 Mitgliedern in Delitzsch. Dasselbe geschah in Eilenburg, 1850 in Bitterfeld und Brehna, 1851 in Borna u. s. w. Wenig später hatte die Delitzscher Association schon den gemeinschaftlichen Absatz der Producte ins Auge gefaßt. Im Jahre 1850 schritt er zur Errichtung von Vorschußvereinen (Delitzsch, Celle, Meißen, Bitterfeld), 1852 folgte der erste Consumverein ebenfalls in Delitzsch als „Association zur Beschaffung nöthiger Lebensbedürfnisse" mit 36 Familienvätern. Im Jahre 1853 erschien das „Associationsbuch für deutsche Handwerker und Arbeiter" mit allem zur Errichtung von Associationen nöthigen Material. Vgl. Birnbaum, Genossenschaftsprincip Seite 40.

Schulze unterscheidet Genossenschaften, die 1) nur Bildungszwecken dienen, 2) die Förderung des Erwerbs und Haushaltes ihrer Mitglieder bezwecken z. B. Vorschuß-, Credit- und Darlehnsvereine, Rohstoffvereine, Consumvereine, Krankenkassen- und Gesundheitspflege-Vereine, Magazinvereine, Productiv-Genossenschaften.

Nach dem Bericht von Schulze auf dem 13. allgemeinen Vereinstag der deutschen Erwerbs- und

Wirthschaftsgenossenschaften gab es 1871 in Deutschland 3290 solcher Genossenschaften. Davon hatten 777 Vorschußvereine 330,000 Mitglieder; sie gewährten 270 Millionen Thaler Credit und hatten einen Gewinn von 1,384,000 Thalern. Außerdem hatten 111 Consumvereine einen Netto=Ertrag von 235,787 Thalern und einen Umsatz von 4,507,000 Thalern. Es gehörten 23,947 eigentliche Arbeiter den Vorschußvereinen an; 16,400 Arbeiter aber sind Mitglieder der Consumvereine. Concordia 1872. Seite 280.

Nach einer Zusammenstellung in der Concordia (1873 Seite 50 flgd.) war zu Ende des Jahres 1870 in der Provinz Sachsen der Stand der gewerblichen Unterstützungskassen von Handwerksgesellen und Gehilfen und von Fabrikarbeitern folgender:

1. Im Regierungsbezirk Magdeburg waren 386 Kassen mit 43,379 Mitgliedern und 63,015 Thaler 11 Sgr. 9 Pf. eigenen, im Jahre 1870 gezahlten Beiträgen und 22,800 Thaler 11 Sgr. 6 Pf. Beiträgen der Arbeitgeber. Die Kassen zahlten im Jahre 1870 an Unterstützungsgeldern:
   a. an erkrankte Mitglieder mit freier Kur 56,480 Thaler 16 Sgr. 4 Pf.
   b. an Sterbegeldern 1363 Thaler 12 Sgr.
   c. an Invaliden= und Wittwengeld 1753 Thaler 24 Sgr. 7 Pf.

Das 1870 zu Ende vorhandene Kassenvermögen betrug 86,178 Thaler 14 Sgr. 3 Pf.

2. Im Regierungsbezirk Merseburg waren 287 Kassen mit 24,493 Mitgliedern, welche im Jahre 1870 an Beiträgen zahlten 30,177 Thaler 29 Sgr. 8 Pf.; außerdem steuerten die Arbeitgeber 10,634 Thlr. 28 Sgr. 5 Pf. bei.

An Unterstützungen wurden im Jahre 1870 gegeben:
a. Krankengeld 32,917 Thaler 21 Sgr. 9 Pf.
b. Sterbegelder 2209 Thaler 27 Sgr.
c. an Invaliden und Wittwen 663 Thaler 29 Sgr. 6 Pf.

Das zum Schluß des Jahres 1870 vorhandene Kassenvermögen betrug 56,495 Thlr. 23 Sgr. 7 Pf.

3. Im Regierungsbezirke Erfurt waren 1870 119 Kassen mit 10,348 Mitgliedern, welche damals 12,783 Thaler 26 Sgr. 7 Pf. an Beiträgen gaben. Dazu kommen 2813 Thaler — Sgr. 7 Pf. Beiträge der Arbeitgeber. Die Kassen zahlten 1870 an Unterstützungen:
a. Krankengeld 12,395 Thaler 26 Sgr.
b. Sterbegelder 1205 Thaler 21 Sgr.
c. Invaliden- und Wittwengeld 125 Thaler.

An Bestand war zu Ende des Jahres 1870 vorhanden die Summe von 12,484 Thaler, 6 Sgr. 2 Pf.

Im Ganzen zahlten die Arbeitgeber zu den Kassen nicht 50%, sondern nur 38% der Beiträge der Arbeiter.

Auch sei noch erwähnt, daß nach einer Notiz der Concordia 1873 Seite 153 die Unterstützungskassen der Handwerker ab=, die der Fabrikarbeiter zugenommen haben.

Indem Schulze im Gegensatz zu den Actiengesellschaften eine Verbindung von Personen, nicht bloß von Capitalien, zu Stande brachte, wirkte er auf die Hebung und Kräftigung der moralischen Persönlichkeit ein. Er machte die unbemittelten Arbeiter und Handwerker durch Vereinigung ihres Vermögens nicht nur creditfähig, sondern trieb auch die Arbeiter unter einander an, auf Fleiß, Sparsamkeit, Gewissenhaftigkeit und Ehrenhaftigkeit zu halten. Daher sind die meisten Genossenschaften in seinem Sinne von wenigen zuverlässigen Arbeitern, die zu einander Vertrauen hatten, ins Leben gerufen und nur allmählich durch vorsichtige Aufnahme tüchtiger Arbeiter erweitert.

Auf solche Weise sind Tausende von unbemittelten Arbeitern zu Bürgern wirthschaftlicher Gemeinwesen erhoben; die Genossenschaft ist „eine Schule für das gesammte öffentliche und private Leben, ja vor anderen eine Schule der Sittlichkeit" — und: „die Hoffnung scheint nicht zu kühn, daß die Genossenschaft einen Zustand beenden oder verhüten wird, in welchem die ökonomische Unselbständigkeit die Regel und das sociale Elend das Loos der Mehrzahl ist". Contzen, sociale Frage, Seite 158 und 159.

Möchten die Arbeiter, statt sich zum Streiken und zum revolutionären Anstürmen verleiten zu lassen, unter sich bei rechter Leitung Genossenschaften bilden; möchten die mehr gebildeten Stände den Arbeitern mit Rath und That zur Seite stehen!

e. Der Staat thut wohl, daß er sich in den Kampf zwischen Arbeitgebern und Arbeitnehmern nicht mischt, so lange derselbe eine Privatsache zwischen beiden Ständen ist und sich innerhalb der Gesetze bewegt. Indeß ist doch die bei den Arbeitern übliche Mißachtung von §. 110 der Gewerbe=Ordnung, wodurch eine 14 tägige Kündigungsfrist verordnet wird, ein Gegenstand gerechter Klage von Seiten der Arbeitgeber, zumal sie selber bei plötzlicher Aussperrung der Arbeiter (lock-out) angeblich von den Gerichten verurtheilt wurden, die Arbeiter aber bei gleicher Uebertretung frei ausgingen. Es wird Sache der gesetzgebenden Factoren sein zu prüfen, was zum Schutz der Arbeitgeber zu thun ist. Ebenso wird der Staat in die Lage kommen, dem Drängen der Handwerksmeister nach einer besseren gesetzlichen Regelung des Lehrlings= und Gesellenwesens nachzugeben. Nicht minder tritt an ihn die Frage heran, ob nicht eine allgemeine Beitragspflicht der Arbeiter zu Kranken=, Invaliden= und Sterbekassen in irgend einer Weise ausführbar sei, wie bereits die allgemeine Schul= und Dienstpflicht besteht. Was zunächst als Zwang aufträte, würde vielleicht bald als eine große Wohlthat anerkannt werden.

f. Die Kirche hat sich in die einzelnen Fragen, soweit sie technischer und nationalökonomischer Natur sind, nicht zu mischen; sie soll sich auch weislich hüten parteiisch zu werden für einen der Streitenden. Je mehr sie mit dem ewigen, untrüglichen Worte

Gottes hineinleuchtet in die Gewissen der Kämpfenden und jede Partei an d i e Worte Gottes verweist, welche ihr gesagt und nütze sind, um so mehr wird sie beitragen, daß der Streit seinen bittern Charakter verliert und der Weg zur Versöhnung gefunden wird.

Die Kirche frage die H e r r e n , ob ihre eigne Religion vielleicht in jenem Worte eines englischen Staatsmannes ausgesprochen ist: „Das Geld ist unser Gott, das Hauptbuch unsere Bibel, die Börse unsere Kirche geworden." Ist dies ihre Religion, dann sollen sie sich auch nicht wundern, wenn dieselbe von ihren Arbeitern und Gesellen angenommen wird und es über kurz oder lang aus sein wird auch mit ihrem Genußleben. Denn die Arbeiter haben dann ganz recht, wenn sie ihren Herren sagen: „Mit dem Himmel ist es aus; so ist das Volk berechtigt, die Erde von Euch zu reklamiren". Der Pastor studire sociale Schriften und scheue sich nicht, auch social=demokratische Blätter zu lesen, damit er sehe, wohin die Bewegung treibt. Vor allem sind zu empfehlen: H u b e r s sociale Schriften, die schon genannte „V o l k s w i r t h s c h a f t f ü r J e d e r m a n n", die V e r h a n d l u n g e n d e r B o n n e r und d e r E i s e n a c h e r C o n f e r e n z, der A r b e i t e r f r e u n d, die C o n c o r d i a, einzelne Schriften von S c h u l z e = D e l i t z s ch; wer die Sache weiter verfolgen will, findet in R o s c h e r s S y s t e m d e r V o l k s w i r t h s c h a f t ein Werk deutschen Fleißes und edler Gesinnung. Wenn so die Stadt= wie die Landpastoren der socialen Frage näher treten, dann wird der uns von den Arbeitern gemachte Vorwurf aufhören, daß wir uns um ihre Sache nicht kümmerten, nichts davon verstünden, es mit den Reichen hielten u. dgl. Wir werden dann geschickt werden, richtiger und klarer über die socialen Streitigkeiten zu urtheilen. Wir werden den Herren im Fabrikanten= und Handwerkerstande ihre Pflichten näher rücken können an Vorbildern und Mahnungen aus der heiligen Schrift. Wir werden ihnen von ihren eignen Standesgenossen Leute zur Erweckung oder zur Beschämung vorzuführen im Stande sein, welche geistig tüchtig ausgebildet und moralisch untadelich sind, selber mit arbeiten und nicht müßig gehen, Auge in Auge mit den Arbeitern verkehren und nicht durch schriftliche Ordonnanzen und Reglements, den Arbeitslohn ehrlich zahlen, soweit Umsatz und Concurrenz es gestatten, für beständige Beschäftigung ihrer Arbeiter sorgen, in Nothzeiten der Arbeiterfamilien Liebe und Erbarmen walten lassen, eine sittliche Hebung des Arbeiterstandes bezwecken, die Stimme des öffentlichen Gewissen beachten und die geforderte Abhilfe schaffen; welche Gottes Wort, insonderheit Stellen wie Johannes 6, 12. 1. Thessal. 5, 21. Ephes. 4, 28. Röm. 12, 7. 1. Petr. 5, 5. Coloss. 4, 1 hochhalten und zu erfüllen bestrebt sind, überhaupt wissen und beweisen, daß Gottseligkeit zum Fabrikgeschäft ebenso wie zum ewigen Leben nütze ist. Vgl. K. Sarasin in Gelzers protestant. Monatsblättern 1869. Seite 171—180.

Dem Arbeiterstande aber gestehe der Pastor willig zu, daß er bei rechter Treue und Gewissenhaftigkeit ein ehrenwerther Stand ist; daß er im Durch=

schnitt in seiner Sittlichkeit nicht hinter den andern Ständen zurücksteht; daß seine geistige Ausbildung und sein Ehrgefühl erfreulich gestiegen ist. Er ermahne ihn aber von den oberen arbeitsamen Ständen zu lernen, die Arbeit nicht als Last und Plage oder bloß als Erwerbsmittel anzusehen, sondern als Gottesordnung schon im Paradiese (1. Mose 2, 15) und als Quelle geistiger und sittlicher Gesundheit. Contzen a. a. O. Seite 139. Er zeige den Arbeitern die große Fürsorge treuer Herren und beschäme sie nach Kräften in ihrem oft bodenlosen Mißtrauen gegen die Herren und in ihrem elenden Vertrauen auf die Verführer; er halte ihnen ihre oft erstaunliche Undankbarkeit gegen ihre größten Wohlthäter recht eindringlich vor Augen. Concordia 1873 Seite 97. Es ist diese Undankbarkeit der Arbeiter ein bitterer Tropfen im Wermuthsbecher treuer Arbeitgeber; man muß sie ermuntern, auch ohne Dank Gutes zu thun oder zu vertrauen, daß die Leute im Herzen dankbarer sind als es den Schein hat. Man treibe zu Arbeiter-Genossenschaften, zur Fortbildung, mehr aber zum Fleiß, zur Treue, Accuratesse, Gewissenhaftigkeit und Sittlichkeit und mache auf die leider zunehmenden Betrügereien gewissenloser Leute aufmerksam, auch im Genossenschaftswesen der Arbeiter. Der Pastor zeige den Arbeitern, wie alle rechte Moralität in Christo sich findet und wir Er darum unser bestes Vorbild und Augenspiegel ist; er lade zur Kirche, richte kurze Abendgottesdienste nach dem Schluß der Fabrikarbeiten ein und suche die Leute für die ewigen Güter zu gewinnen. Er sei treu in der Seelsorge, suche Kräfte für Krankenpflege zu gewinnen (Diakonissenhäuser in Halle und Magdeburg) und freue sich auch des gewissenhaften Arbeiters, der in den Gemeindekirchenrath gewählt ist. —

Wenn so jeder an seiner Stelle seine Schuldigkeit thut, dann wird mit Gottes Hülfe die sociale Gefahr auch an der Stadtbevölkerung vorübergehen und allerlei Neubildungen werden für die Zukunft von Segen werden. Die Streiks, welche Geld und Zeit, Friede, Vertrauen, Arbeitslust und Gewissenhaftigkeit gekostet haben, werden ein Ende nehmen; die mehr begüterten Gesellschaftsklassen werden auf einen Theil ihrer ohne Verdienst ihnen zugefallenen Vorzüge freiwillig verzichten, geistig und moralisch aber die Führung der unteren Gesellschaftsklassen wieder gewinnen. Die Arbeiter werden technisch, moralisch, religiös gehoben werden, den anderen Gesellschaftsklassen näher treten und neues Vertrauen zu den besser gestellten, geistig durchgebildetern und vielfach heißer arbeitenden Brüdern gewinnen. Sie werden die christliche Familien-, Gemeinde- und Staatsordnung nicht ruiniren, sondern erhalten und stärken helfen und zur Kirche und zum lebendigen Gott zurückkehren. Man wird auch vom deutschen Arbeiterstande sagen lernen, was eine Commission im englischen Parlament im Juni 1868 urtheilte: „Die einstimmigen Aussagen aller von uns vernommenen Zeugen beweisen, daß seit mehreren Jahren eine nachhaltige, entschiedene und fortschreitende Verbesserung der Moral, der Lebensart, der Bildung und der ganzen Haltung der arbeitenden Klassen stattgefunden hat" — und was der englische Minister Gladstone im Jahre 1863 im Parlament erklärte: „Wir sind so glücklich zu wissen, daß die Durchschnittslage des britischen Arbeiters innerhalb der letzten 20 Jahre in einem Grade sich verbessert hat, der außerordentlich ist und den wir beinahe für beispiellos in der Geschichte jeglichen Landes und jeglichen Zeitalters erklären können." Concordia 1872 Seite 210. Huber, sociale Fragen, Heft VII.

4. **Die deutsche Social-Demokratie und die europäisch-amerikanische Internationale**

ist der letzte Gegenstand unserer Besprechung. Haben wir bis jetzt die Nothstände, unsere Versäumnisse und Versündigungen im Familien-, Gemeinde- und Volksleben kennen gelernt und Abhilfe gesucht, so betrachten wir nun die sociale Bewegung in ihrer gefährlichsten Gestalt, wie sie das ganze deutsche Volksleben, ja die ganze christliche Cultur in Europa, Amerika und Australien planmäßig zu zerstören willens ist. Ein wilder, dämonischer Revolutionssturm tobt durch die verführten Volksmassen der alten und neuen Welt; eine furchtbare Verschwörung gegen alle göttlichen und menschlichen Ordnungen vergiftet die Gemüther und zerreißt die Bande des Staatsorganismus. Dies heillose Treiben geht in Deutschland vom **allgemeinen deutschen Arbeiterverein** und in den 3 genannten Erdtheilen von der **Internationale** aus. Haben wir daher auf beide Acht.

Der **allgemeine deutsche Arbeiterver-**

ein ist am 23. Mai 1863 ins Leben getreten. Ferdinand Lassalle war sein Gründer und erster Präsident. Dieser mit den ausgezeichnetsten Geistesanlagen, mit einem seltenen Herrschertalent und einer dämonischen Gewalt über die Massen ausgestattete jüdische Gelehrte und Volksverführer (geb. 1825 in Breslau, fiel 1864 im Zweikampf) hat der ganzen deutschen Socialdemokratie ihren Charakter gegeben.

Der Plan zur **Internationale** (d. h. Bund der Arbeiter aller Länder) entstand 1862 bei Gelegenheit der Londoner Industrie-Ausstellung; 1864 trat sie ins Leben und 1866 hielt sie ihren ersten Congreß. Die eigentliche Seele ist der in London wohnende deutsche Gelehrte Karl Marx, welcher denselben Einfluß auf die Internationale gewann wie Lassalle auf den allgemeinen deutschen Arbeiterverein.

Während der allgem. deutsche Arbeiterverein nur für Deutschland bestimmt ist und darum immerhin einen deutsch-nationalen Charakter hat, ist die Internationale, als für alle Völker gegründet, ein Feind des deutschen Volkslebens. In dem Haß gegen alle Religion und Moral sind beide einig, wie wir bald genauer sehen werden.

Lassalle und der allgem. deutsche Arbeiterverein wollen den Arbeiterstand zum herrschenden im Staatsleben machen; seine Zeit sei jetzt gekommen, nachdem die früher die Herrschaft behauptenden Stände der Priester, Adligen und Bürger ihre Macht gemißbraucht hätten. Darum sollen die Arbeiter durch das allgemeine Stimmrecht sich die Majorität in den Landesvertretungen verschaffen und die Regierung zwingen, die Steuerkraft des Landes zum Besten des 4. Standes zu verwerthen. Der Arbeiterstand, soweit er noch einfach und arbeitsam ist, wird verhöhnt über seine Feigheit, Beschränktheit und „verfluchte Bedürfnißlosigkeit" und zum Genußleben angefeuert; die Kapitalisten seien die „Drohnen" der Gesellschaft, und es gilt als unumstößliche Wahrheit, daß der Arbeiter bei den jetzigen Lohnverhältnissen nicht sparen kann und daher mit den mehr besitzenden Gesellschaftsklassen "theilen" muß. „Das Kapital gehört ja euch, eure Arbeit hat es erworben, die Kapitalisten haben es euch gestohlen, die Arbeitgeber sind eure Teufel. Ihr sterbt den Hungertod in Permanenz und die Bourgeoisie mästet sich von eurem Schweiße. Nehmt euch wieder, was euch gehört. Und wer euch daran hindert, sei er, wer er sei, den schlagt nieder mit dem Beil und der Flinte!" — so predigen die Socialdemokraten sich gegenseitig. „Wenig Arbeit, viel Genuß, Freiheit und Unabhängigkeit; gesicherte reichliche Einnahme auch den Unfähigen und Trägen!" Der Arbeiter muß nicht gezwungen werden zur Arbeit, sondern als freier Mann nach seinem „Bang schang" (penchant) sich beschäftigen. Die treuen Bemühungen von Schulze-Delitzsch, den kleinen Stand zur Ordnung, Sparsamkeit, Selbsthilfe anzuleiten, werden von Lassalle verhöhnt. Der ländliche Arbeiterstand wird geködert mit dem Hinweis auf die russische Feldgemeinschaft, wonach alles Privateigenthum der Dorfbewohner aufgehoben sei und aller Acker ein der ganzen Gemeinde angehöriger Gesammtbesitz werden solle. Vgl. **Arbeiterfreund** 1870. Seite 90—101. **Wagner**, Abschaffung des privaten Grundeigenthums, Leipzig 1870. Seite 49—77.

Wie aber die Arbeiter gegen alle menschlichen Ordnungen planmäßig erbittert und aufgehetzt werden, so rauben die Verführer ihnen auch den letzten Rest der Gottesfurcht und des Gewissens. Der deutsche Arbeiterverein und die Internationale sehen ein, daß die Religion und der lebendige Gott ihre ärgsten Feinde sind; darum thun sie alles, was sie vermögen, die Gottesfurcht auszutilgen. Die Religion nennen sie „das Opium des Volkes", die Bibel das „Gesetzbuch der Unsittlichkeit." Der „Volksstaat," eine Zeitung des deutschen Zweiges der Internationale unter **Bebel** und **Liebknecht**, schreibt: „Mit dem letzten Theisten (Gottgläubigen) wird auch der letzte Sklave frei werden. Die Zukunft muß dem Atheismus (Gottlosigkeit) gehören; nur bei ihm ist das Heil für die Menschheit, die ihre guten Rechte so lange für einen Wahn verschacherte, zu finden." Darum sind die „Pfaffen" aller Bekenntnisse, besonders der vom Staate bevorzugten (evangelische, römisch-katholische u. s. w.), dem tiefsten Hasse der Socialdemokraten und der Internationale ausgesetzt.

Nachdem man aber die wahre Religion den verführten Arbeitern zuwider gemacht hat, giebt man ihnen eine selbstgemachte Religion: den Socialismus, und einen neuen Heiligen: Lassalle. Ein Festredner in Augsburg sagte bei der Jahresfeier von Lassalles Tod, „die Erlösung sei einem Manne aus dem Stamme Juda vorbehalten gewesen", während im Hintergrunde des Saales die umflorte Büste Lassalles stand mit der seinem Arbeiterprogramm entlehnten Aufschrift: „Die Arbeiter sind der Fels, auf dem die Kirche der Gegenwart gebaut werden soll." Contzen a. a. O. Seite 98. Der „neue Socialdemokrat" aber schrieb zu Ostern 1873: „Jesus von Nazareth ist todt — es lebe Ferdinand Lassalle".

Ganz naturgemäß sollen auch alle die sittlichen Ordnungen durch die Socialdemokratie umgestürzt werden, welche mit der Religion in Verbindung stehen z. B. der Eid, die Ehe, die **Familie**, das **Erbrecht** und **Eigenthum**.

Contzen sagt a. a. O. Seite 102 über die Internationale: „Das Glaubensbekenntniß der Internationale hat zur Basis den Atheismus und Communismus, zum Ziele die Vernichtung des Capitals und des persönlichen Eigenthums, zum Mittel die Gewalt der rohen Massen. Sie fordert die directe Gesetzgebung durch das Volk, die Abschaffung des individuellen Erbrechts für Kapitalien und Arbeitswerkzeuge, die Ueberweisung des Grundes und Bodens an den Gesammtbesitz." —

Seit 10 Jahren sind die Massen in Frankreich, Italien, England, Rußland, Deutschland, Dänemark, Oesterreich, in der Schweiz, in Amerika und Australien dieser Verführung ausgesetzt und planmäßig gegen alle göttlichen und menschlichen Ordnungen aufgehetzt. Es fragt sich: **Hat dieses heillose Treiben wirklichen Schaden angerichtet? Haben die Massen sich verführen lassen?**

Hat die Verführung zu- oder abgenommen? Die Antwort lautet nach dem Urtheil der Sachverständigen: Die Socialdemokratie hat bereits unsäglichen Schaden angerichtet; die Massen sind vergiftet von der heillosen Lehre und werden immer weiter vergiftet.

Achten wir zum Beweise zuerst auf die socialdemokratische Presse, worüber der Professor Held in diesem Jahre ein Buch von 196 Seiten geschrieben hat: die deutsche Arbeiterpresse der Gegenwart. Leipzig, Duncker und Humblot 1873. Die Partei hat in den 10 Jahren ihres Bestehens sich eine eigne Literatur gebildet, welche starken Abgang findet. 1843 gab es überhaupt nur eine einzige Zeitung, welche socialdemokratische Ideen vertrat: Die Réforme in Paris. 1865 erschien der „Socialdemokrat" als Organ des allgemeinen deutschen Arbeitervereins und hatte 400 Abonnenten. Im Jahre 1872 erschienen 21 socialdemokratische Zeitungen in deutscher Sprache, davon 12 in Deutschland, die übrigen in Oesterreich und in der Schweiz. Ueberhaupt steht die socialdemokratische Literatur in Deutschland jetzt am meisten in Blüthe. Der „neue Socialdemokrat" hatte im März dieses Jahres 9623 Abonnenten, meist in Norddeutschland, voran in Berlin, Hamburg, Altona, Schleswig-Holstein. Der internationale „Volksstaat" hat 6615 Abonnenten meist in Süddeutschland, besonders in Baiern. Vgl. Concordia 1873. Seite 80 und 112. Zu diesen größeren täglich erscheinenden Zeitungen kommen viele Lokalblätter in Berlin,

Dresden, Chemnitz, Crimmitzschau, Hamburg, Braunschweig u. s. w. mit etwa 10,000 Abonnenten; endlich die Fachblätter der socialdemokratischen Goldarbeiter, Cigarrenarbeiter u. s. w. Somit werden mindestens 30,000 Exemplare socialdemokratischer deutscher Blätter täglich oder wöchentlich gedruckt. Rechnen wird 1000 für Nicht=Parteigenossen, 1000 für Mitleser, 1000 fürs Ausland ob, so bleiben 27,000 Exemplare, und da wir mindestens 3 Leser auf ein Blatt rechnen müssen, so stehen über 80,000 deutsch verstehende Arbeiter fortgesetzt in der Verführung und Verbitterung durch socialdemokratische Zeitungen.

Dazu kommen andere socialistische Agitationsschriften, naturhistorische und philosophische (wie sie es nennen), Sammlungen von Gedichten, förmliche Liederbücher, Reden, politische oder geschichtliche Gelegenheits=Brochüren u. drgl. „Der neue Socialdemokrat giebt jetzt auch einen Kalender und eine eigne belletristische Wochenbeilage heraus, und im Lager der Volksstaats=Partei giebt es einen Herrn Otto Walster zu Dresden, welcher Romane mit socialdemokratischer Tendenz schreibt. Auch glaube man nicht, daß diese Literatur nicht gehe; schon gar manche dieser Schriften haben mehrere Auflagen erlebt. Unter den Gedichten socialdemokratischer Tendenz gibt es solche, die durchaus nicht schlecht sind; namentlich diejenigen von Kapell können entschieden auf gewandten Versbau und kräftige Sprache Anspruch erheben. Auch die Gewerkvereine haben ihren Dichter, einen Herrn Hugo Weise, dessen poetische Leistungen gleichfalls durchaus nicht zu verachten sind, und auch sie bemühen sich mit Erfolg, Schriften ihrer Tendenz massenhaft zu verbreiten. Die Arbeiter=Literatur ist in Deutschland eine Macht geworden. An eine Möglichkeit aber, ihre weitere Ausbreitung unter den Volksmassen durch Polizei= oder ähnliche Maßregeln zu hindern, wird hoffentlich niemand im Ernste denken." Concordia 1873. Seite 109.

Und die in dieser Literatur täglich ausgestreute Drachensaat geht reichlich auf. Die Feuerzeichen der Pariser Commune haben über Deutschland geleuchtet und die deutschen Socialdemokraten auch in unserer Provinz Sachsen haben sich nicht entblödet, Jahresfeiern des 18. März 1871 öffentlich anzustellen. Die neuesten Aufstände in Mannheim, Frankfurt a. M., Wiesbaden sind anscheinend socialdemokratischer Natur. In Berlin kommt keine Volksversammlung mehr zu Stande, die nicht von den Socialdemokraten beherrscht wäre. Selbst die „Erbauungsstunden" der Freigemeindler werden durch die auch dem Schatten aller Religion verfeindeten Socialdemokraten unmöglich gemacht. Die meisten Streiks (nicht alle, wie die der Buchdrucker in Leipzig, der Seeleute in Hamburg u. a. zeigen) sind von den Socialdemokraten angeregt und geleitet, bezwecken also nicht schlichte Lohnerhöhung u. drgl., sondern politische Machterweiterung des Arbeiterstandes. Im Königreich Sachsen haben die Socialdemokraten bei städtischen Stadtverordnetenwahlen wiederholt ihre Parteileute durchgesetzt und der bekannte Drechslermeister Bebel, der Führer der inter=

nationalen Socialdemokraten in Sachsen, ist 2 mal nach einander mit bedeutender Majorität von vielen Tausenden zum deutschen Reichstagsabgeordneten gewählt. Die Sendboten der Socialdemokraten ziehen organisirt durch die Provinzen Preußens und regen seit einiger Zeit besonders die ländlichen Arbeiter zur Unzufriedenheit auf. In England ist dies bereits in hohem Maße gelungen und in Sachsen und Schleswig-Holstein sind erfolgreiche Anfänge damit gemacht. Endlich wird zum Massen-Austritt aus den Landeskirchen aufgefordert und so der innerlich lange eingetretene Abfall auch äußerlich vollzogen. Wenn aber die „rothe Internationale" mit der „schwarzen Internationale" anscheinend Verständigung sucht, so gedenkt die rothe ihren Verbündeten doch nur auf Zeit zu gebrauchen und dann zu den anderen Todten zu werfen.

Fürwahr, die Gefahr ist groß und in 10 Jahren riesenmäßig gewachsen!

Und wie stellen sich hierzu die besitzenden, bevorzugten Gesellschaftsklassen im großen Ganzen?

Die einen sehen das ganze Treiben als närrische Prahlerei und Flunkerei an; je weniger sie von der ganzen Sache kennen, um so mehr lachen sie darüber, wenn sie von der angeblichen Gefahr hören. Sie rufen sich und andern „Friede! Friede!" zu und meinen, es habe keine Gefahr. Im Nothfall aber sollen die Soldaten und die Kanonen alles gut machen. Mag bei der Zahlenangabe der Mitglieder der Internationale und des Arbeitervereins, welche zusammen angeblich nach Millionen zählen, viel Uebertreibung und Aufschneiderei mit unterlaufen — die Sache bleibt gleichwohl sehr ernst. „Es wird die düstere Kraft des Fanatismus für ein in sich geschlossenes Princip, und es wird nicht minder die Thatsache unterschätzt, daß der „Zeitgeist" selbst unaufhörlich Propaganda macht für den Geist der „Socialdemokratie." Concordia 1873. Seite 108. „Auch wenn das rothe Gespenst d. h. die sociale Revolution, allezeit bloßer Popanz bleibt, so sind doch sonstige Eventualitäten denkbar, wo die Thatsache, daß ein namhafter und fortwährend wachsender Theil unserer unteren Stände mit Haß gegen die ganze heutige Ordnung durchtränkt und von jeder sittlich=geistigen Gemeinschaft mit den gebildeten Klassen losgelöst wird, insbesondere die Liebe zum Vaterlande als einen schädlichen Wahn zu verachten lernt, die verhängnißvollsten Consequenzen erzeugen könnte." Concordia 1873. Seite 103. Wer aber meint, daß die Soldaten die große Gefahr abwehren sollen, der täuscht sich. Gott gebe, daß unsere Armee nicht von der Socialdemokratie angefressen wird, auch nicht in die Lage kommt, auf verblendete Volksgenossen schießen zu müssen. Wenn es aber dahin käme, daß die Socialdemokratie im offnen Aufstand besiegt würde, so ist die Krankheit im Volksorganismus damit noch nicht geheilt noch überhaupt mit Soldaten heilbar. Ein anderer Arzt thut gegen diese Seuche noth, das ist der Herr Jesus Christus.

Andere fürchten nicht viel von der Socialdemokratie weil sie in sich zerrissen sei. Die Zerrissenheit in der äußeren Organisation der Internationale und des allgemeinen deutschen Arbeitervereins ist jetzt allerdings noch eine Thatsache. Von dem nach Amerika verlegten Generalrath der Internationale haben sich die Sectionen in Belgien, Italien, Frankreich losgesagt und nur Spanien und Deutschland (Partei Bebel=Liebknecht) hält treu zu ihm. Ebenso sind im allgemeinen deutschen Arbeiterverein große Differenzen in Regimentssachen. Aber gleichwohl geht das gemeinsame Zerstörungswerk mit Riesenschritten vorwärts, und sollte es zu großen Actionen kommen, so würden sich die feindlichen Brüder vereinigen in ihrem Haß gegen göttliche und menschliche Ordnungen in Familie, Gemeinde, Kirche und Staat wie Herodes und Pilatus gegen Christum. Die Uneinigkeit der Feinde ist auf die Dauer ein schlechter Trost für die christliche Gesellschaft und bietet ihr nur eine Galgenfrist.

Täuschen wir uns darum nicht über die ganze Größe der Gefahr und hören wir auf die Stimme warnender Freunde des Volkes und Vaterlandes. Dr. Wichern und Prof. Wagner haben in der kirchlichen Octoberversammlung in Berlin 1871 von verschiedenen Standpunkten darauf hingewiesen, wie die Socialdemokratie ihre Kraft aus den Sünden der christlichen Gesellschaft saugt. Während Prof. Wagner auf die vielen Gebiete unseres Volkslebens hinweiset, wo unsere Verschuldung grell zu Tage tritt und die Anklagen der Socialdemokraten berechtigt sind, stellt Dr. Wichern als guter Hirte und treuer Seelsorger seines deutschen Volkes den Socialdemokraten uns als den „verlorenen Sohn" vor Augen und warnt die besitzenden Stände, nicht wie der pharisäische Bruder zu sündigen. „Der Socialist weiß nicht, was er thut; er ist deswegen noch nicht verloren, er ist erst der verlorene Sohn der gegenwärtigen Menschheit, der bereits bis zu den Trägern gelangt und durch das Evangelium und die aus ihm fließende Liebe dahin geführt werden muß, an seine Brust zu schlagen und zum Vater zurückzukehren" — „der Christ aber hüte sich, daß er nicht zum Geschlecht des älteren Sohnes und Bruders in demselben Evangelio gezählt werden müsse." Verhandlungen Seite 106.

Und so sind wir denn wieder bei dem letzten und einzigen Universalheilmittel wider alle Sünde angekommen: Unsere Hilfe stehet im Namen des Herrn, der Himmel und Erde gemacht hat. Es ist in keinem anderen Heil, als allein in Christo.

Rechnen wir nicht allein auf schwere Drangsals- und Trübsalszeiten, die als Zucht- und Prüfungsmittel in des Herrn Hand liegen und über Gerechte und Ungerechte kommen, wenn die rechte Zeit da ist. Schlagen wir alle in uns; erkennen und bereuen wir unsere Untreue und Versündigung an uns und den Unsrigen, zu denen nach dem Zeugniß des Herrn Lukas 10, 37 ja auch die Socialdemokraten gehören. „So demüthigt euch nun unter die gewaltige Hand Gottes, daß Er euch erhöhe zu seiner Zeit" — so ruft der Fischer von Bethsaida, der Apostel Petrus, die ganze heutige Christenheit von den Fürsten bis zu den niedrigsten Arbeitern zum großen Völkerbußtag! Ja, Gott wolle uns, Socialdemokraten und Nicht=Socialdemokraten, innerlich recht zerschlagen und demüthigen! dann wird Er uns wieder gnädig sein können und uns erhöhen. Und wie vorher ein internationaler Rachebund gegen göttliche und menschliche Ordnung die Völker zerriß, so wird dann ein internationaler Liebesbund die Herzen von Hoch und Niedrig, Arm und Reich verbinden. Eine reichere Ausgießung des heiligen Geistes, ein Näherkommen Christi zu Seiner erschrockenen Christenheit — das ist es, wonach die ernsten Kinder Gottes jetzt sich sehnen und wohin ihr Gebet steht. Und der bald 2 Jahrtausende Seine Christenheit geführt hat, oft wundersam und dunkel, aber immer mit Seiner starken Heilands= und Königshand, der weiß auch jetzt Mittel und Wege, Seine Christenheit weiter zum Ziel der Vollendung zu führen. Fürchten wir darum nicht kleinmüthig den Sieg der Socialdemokratie und des Teufels; hoffen wir freilich auch nicht wider die Verheißung der Schrift die Errettung und Bekehrung aller Sünder zum Herrn Christo und zu Seinem Reich. Aber vertrauen wir unserem Heiland, daß Er als der gute Hirte auch weiter das Verlorene suchen, als der ewige König auch weiter Sein Regiment führen wird, und stellen wir uns mit neuer Treue in Seinen Dienst zu kämpfen und zu — lieben!

Inhalt.

                                                                   Seite.

I. **Allgemeiner Theil.** Verständigung über die Arbeiterfrage.
  1. Woher kommt die Arbeiterbewegung? 2
  2. Wer gehört zum „Arbeiterstande?" 5
  3. Wieweit ist die Bewegung durch die Provinz
     Sachsen verbreitet? 8
  4. Wer soll helfen? 9

II. **Besonderer Theil.** Noth und Hilfe.
  1. Das Familienleben des Arbeiters 23
  2. Die ländliche Arbeiterbevölkerung 31
  3. Die städtischen Arbeiter, speciell die Fabrikarbeiter . 51
  4. Die deutsche Socialdemokratie und die euro-
     päisch-amerikanische Internationale . . . 81

Im Verlage von **Julius Fricke** in **Halle** erschien nun vollständig:

Homiletischer Wegweiser

durch die

evangelischen Perikopen des ganzen Kirchenjahres,

eine neue Blumenlese
der classischen evangelischen Predigtliteratur Deutschlands
von Luther bis auf die neueste Zeit
und
ein neues Dispositionsmagazin.

Herausgegeben von

Christian Carl August Brandt,

ev. luth. Pastor der Zions-Gemeinde zu Suspension Bridge im Staate New-York.

Bd. I. **Advents-, Weihnachts-, Epiphaniaszeit bis zum Sonntag Sexagesimä.** 40 Bog. gr. Lex. Octav broschirt 2 Thaler; gebdn. 2 Thaler 10 Sgr.

Bd. II. **Passions-, Oster-, Pfingstzeit.** 41 Bog. gr. Lex. Octav broschirt 2 Thaler; gebdn. 2 Thaler 10 Sgr.

Bd. III. **Trinitatisfest bis zum 14. Sonntage nach Trinitatis.** 35 Bogen gr. Lex. Octav. broschirt 1 Thaler 15 Sgr.; gebdn. 1 Thaler 22½ Sgr.

Bd. IV. **15. Sonntag nach Trinitatis bis zum Schlusse des Kirchenjahres.** Bußtag, Reformationsfest, Todtenfest u. s. w. 31 Bogen Lex. Octav. broschirt 1 Thaler 15 Sgr.; gebdn. 1 Thaler 22½ Sgr.

Die Kritik hat sich über das Werk außerordentlich anerkennend ausgesprochen und der Erfolg hat sich als ein alle Erwartungen übertreffender herausgestellt.

Ein solcher homiletischer Wegweiser hat geschichtlichen Werth. Er ist ein Beitrag zur Geschichte der Predigt. Man freut sich auch beim Lesen des Wortes: „Es sind mancherlei Gaben." Und der mancherlei Gaben soll sich die Kirche, und zunächst der Prediger im Dienste seiner Gemeinde nutzbar machen. Da ist es bei dem einen die lebhafte, in das innere Verständniß der Heilslehre einführende Predigt, welche uns zu ihm hinzieht, bei dem andern die Gabe mit feurigen Worten der Ermahnung an das Herz zu reden und das Gemüth zu erfassen. Bei dem einen ist der heilige Ernst des Zeugnisses, die uns ergreift, bei dem andern die zarte Innigkeit der Gedanken, durch welche wir gefesselt und erbaut werden. Bei dem einen ist es besonders der Nutzen, den wir haben, daß uns die Tiefen des göttlichen Textes aufgeschlossen werden, dem andern ist es gegeben, die Anwendung des göttlichen Wortes auf die mannigfachen, bunten Verhältnisse des menschlichen Lebens besonders schlagend und wirksam zu machen. Da kann gerade das Studiren der mancherlei Gaben, wozu er durch eine solche Blumenlese besonders angeregt wird, den Prediger vor Einseitigkeit bewahren und ihn antreiben, die verschiedenen, in ihm schlummernden Anlagen allseitig auszubilden.

Im Verlage von **Julius Fricke** in Halle erschien:

D. D. Bonar
Worte an Seelsorger.
Aus dem Englischen.
Mit Vorwort von Dr. A. Tholuck.
Preis 8 Sgr.

Ein trefflicher Beichttractat für Prediger und Seelsorger, wohlgeeignet, die Träumenden aus dem trägen Schlummer einer mechanischen Amtsroutine aufzurütteln und zu einem ernsten Selbstgericht der Buße über ihr seelsorgerliches Wirken zu erwecken. Es ist gewiß ein ernstes Urtheil welches Dr. Tholuck in der Vorrede über viele Diener unserer Kirche ausspricht: „Zehn, zwanzig, dreißig Jahre an ein und derselben Gemeinde zu stehen und nach zehn, zwanzig, dreißig Jahren die Gemeinde gerade in demselben Zustande zu finden, wie man sie angetreten hat — kein Kalter warm geworden, kein Lauer feurig, kein Gleichgültiger um sein Heil bekümmert, kein Wachsthum in der Liebe zum Wort, in den Früchten des Geistes: welch' unerträglicher Gedanke, und doch wird er ertragen und die Zahl derer, die ihn mit Gelassenheit und ohne Scham und Schrecken ertragen, ist größer als die derjenigen, denen er ein brennendes Feuer ist in ihren Gebeinen. — Wir hören in diesen letzten Jahren aus der einen und aus der andern Kirche die Danklieder erschallen über Leichenfelder, die lebendig geworden sind, die Nachricht von Tausenden, die sich bekehrt haben: wir sind ungläubig daran; o daß wir uns nur prüfen möchten, ob dieser unser Unglaube daran nicht der Unglaube an den heiligen Geist und seine Kraft überhaupt ist, nicht die Frucht der Beschämung über den Tod in unsern eigenen Gemeinden! Diese Gefühle heimlicher Scham zu wecken, aus dem trägen Schlummer einer mechanischen Amtsroutine aufzurütteln, das ist die Aufgabe, welche sich der englische Verfasser dieser Schrift gestellt hat. In seinem Vaterlande waren bis zum Jahre 1860 schon 11,000 Exemplare derselben verbreitet.

Gott mache es auch unter uns zu einem Weckruf an die Träumenden und Schlummernden unter den Dienern des Worts!"

Dr. Tholuck.

Halle, Druck der Heynemann'schen Buchdruckerei.